Friedrich Hildebrand

Über das französische Sprachelement im Liber censualis Wilhelms I. England

Friedrich Hildebrand

Über das französische Sprachelement im Liber censualis Wilhelms I. England

ISBN/EAN: 9783744634502

Hergestellt in Europa, USA, Kanada, Australien, Japan

Cover: Foto ©Thomas Meinert / pixelio.de

Weitere Bücher finden Sie auf **www.hansebooks.com**

ÜBER DAS

FRANZÖSISCHE SPRACHELEMENT
IM LIBER CENSUALIS WILHELMS I.
VON ENGLAND

(EXCHEQUER- UND EXON-DOMESDAY-BOOK).

DISSERTATIO INAUGURALIS

QUAM

CONSENSU ET AUCTORITATE

AMPLISSIMI PHILOSOPHORUM ORDINIS

IN

UNIVERSITATE FRIDERICIANA HALENSI

CUM VITEBERGENSI CONSOCIATA

AD

SUMMOS IN PHILOSOPHIA HONORES

RITE CAPESSENDOS

SCRIPSIT

FRIDERICUS HILDEBRAND
WERNIGERODANUS.

HALIS SAXONUM

FORMIS DESCRIPSIT E. KARRAS.

MDCCCLXXXIV.

MEINEM LIEBEN VATER

IN DANKBARKEIT.

Einleitendes.

Vom Liber Censualis Wilhelms I. von England sind uns zwei Originalhss. aus der Zeit seiner Regierung überkommen: das Exchequer- und das Exon-Domesday-Book.

1. Exchequer-Domesday-Book.

Das Exchequer-Domesday-Book[1], wie es zum Unterschiede von dem jüngern und speziell lokalen Domesday Radulfi de Diceto, dem Evesham-, Chester-, York-, Norwich-, Ipswich-Domesday u. a. genannt wird, ist uns in einer einzigen[2] Pergamenths. aus dem Jahre 1086[3] in zwei Bänden, der erste in f⁰. (760 pp.), der zweite in q⁰. (900 pp.), erhalten. Dafs der frühere Aufbewahrungsort der IIs. Winchester gewesen, darauf scheinen die Bezeichnungen Liber de Wintonia[4], Rotulus Wintoniae[5] hinzudeuten, doch weist die Erwähnung „sub sigillo Scaccarii" im Dialogus de Scaccario jedenfalls auf eine frühe Übersiedlung nach Westminster.[6] Hier wurde die IIs. mit dem königlichen Siegel in der Schatzkammer unter dreifachem Verschlufs aufbewahrt, und von 1696 an befindet sie sich im Chapter House. In Folge einer Adresse des Oberhauses im Jahre 1767 gab Georg III. Befehl zur Veröffentlichung des alten National-Grundbuchs, die 1783, nach zehnjährigem Verweilen unter der Presse, erfolgte.

2. Exon-Domesday-Book.

Als Additamenta Libri Censualis wurde im Jahre 1816 auf Grund einer Address of the House of Commons (1800) ein dritter und vierter Band von Seiten der Record Commission veröffentlicht,

---

[1] i. e. Liber judiciarius: „Ob hoc nos eundem librum judiciarium nominamus, non quod in eo de propositis aliquibus dubiis feratur sententia, sed quod a praedicto judicio non licet ulla ratione discedere" (Gervasii Tilleburiensis Dialogus de Scaccario; vgl. Ducange Gloss. s. v. Domesdei).

[2] Über drei jüngere „abridged copies" vgl. Hardy, Descriptive Catalogue, London 1865, II 34 Anm.

[3] Hardy II 34. — Domesday Vol. II 450.

[4] D . . . d. 332ᵉ (Die Seitenzahlen ohne vorgesetzte römische Ziffer weisen auf den 1. L nd des Domesday; die Spalten des letztern habe ich mit a b c d bezeichnet).

[5] Ingulphus p. 908 f.; vgl. Ducange s. v. Domesdei und Rotulus Wintoniae.

[6] Ellis, Introduction to Domesday, London 1833, I 354.

1

das Book of Exeter (1086), die Inquisitio Eliensis (12. Jahrhundert),
das Book of Winchester (1148), das Boldon Book (1183), nebst
Indices umfassend. Die mit dem Exchequer-Domesday als gleich-
zeitig anzusetzende Pergamenths. des in den Libri Censualis Additamenta Vol. IV fol. 1—493 abgedruckten Exon-Domesday[1] wird in
der Exeter Cathedral aufbewahrt und umfafst 532 Blätter in q⁰.
Eine nähere Beschreibung des Manuskripts findet sich in den Domesday Addit. Vol. IV, Introd. p. IX—XIV. Das Book of Exeter
bietet die westlichen Grafschaften Wilts, Dorset, Somerset, Devon
und Cornwall in der ausführlichern und wohl direkt auf den Be-
richten der Einschätzungskommission beruhenden ersten Redaktion,
die für diese Grafschaften im Exchequer-Domesday (Vol. I) als Vorlage gedient haben mag. — Die drei östlichen Grafschaften Exsessa,
Norfulc, Sudfulc (Vol. II des Exchequer-Domesday) sind nur in der
ersten ausführlichern, die übrigen des ersten Bandes nur in der
zweiten kürzern Redaktion auf uns gekommen; vgl. Freeman, History
of the Norman Conquest V 8. 735. —

Das Domesday-Book, — unter diesem Namen begreife ich
beide obige Werke — dieser grofse Lehens-Kataster des Eroberers,
ist der geschichtliche Markstein am Wendepunkte der Entwickelung
Englands in der zweiten Hälfte des elften Jahrhunderts, der die
vollendete Umgestaltung des englischen Allodialstaats in einen
romanischen Feudalstaat bezeichnet. Aufgezeichnet ist hierin das
Eigentum der Grofs- und Kleingrundbesitzer an beweglichem und
unbeweglichem Vermögen als Acker, Wiese, Wald, Baulichkeiten,
Vasallen, Diener, Mägde, Tiere in Wald und Stallung, Einkünfte,
Abgaben, kurz, das gesammte englische Nationalvermögen in der
Zeit des Beginnes der normannischen Herrschaft, und dies Alles
im knappsten Gewande lateinischer Statistik.[2]

Ist es auch ein in lateinischer Sprache verfafstes Denkmal, so
macht doch der Umstand, dafs es in einem Reiche geschrieben,
dessen Hofsprache das Normannische bildete, die Vermutung wahr-
scheinlich, dafs hier und da französische Laut- resp. Wortformen
dem normannischen Schreiber aus der Feder geflossen. Besonders
aber seine Eigenschaft als Statistik der Besitzer englischen Grund
und Bodens nur zwei Jahrzehnte nach dem Beginne der normannischen Herrschaft über England macht es der romanischen Sprach-
forschung interessant. Wilhelm der Eroberer hatte die Dienste, die
ihm seine Normannen mit ihren Gefolgschaften bei Senlac geleistet,
nicht vergessen und sie mit Belehnungen grofser englischer Besitz-
tümer belohnt. Die im Domesday-Book aufgeführten Namensformen
dieser normannischen Herrn angelsächsischer Güter sind trotz der

---

[1] Hardy II 36.
[2] Nur einmal (177ᵃ s. XXIII) ist der einförmige Styl durch eine etwas
eingehendere Bemerkung unterbrochen: Hoc manerium — excommuniatus sit.
— Eine metrische Inhaltsangabe findet sich bei Will. Brito in seiner Philippis
lib. IV.

latinisierenden Tendenz der Schreiber[1], welche die ihnen noch etymologisch durchsichtigen Namen in dieser Hinsicht nicht verschonten, für den französischen Lautstand des elften Jahrhunderts von um so gröfserer Wichtigkeit, als sie uns in offiziell-genauer Form überkommen sind. Auf die Bedeutung des Domesday-Book für die Geschichte der französischen Sprache hat Suchier in ZFRP (Zeitschr. für roman. Philologie) II 290 aufmerksam gemacht, indem er aus demselben den Diphthong *ue* mit einigen Namensformen belegte.

Diesem französischen Sprachelement im Domesday-Book nachzugehen, im besondern aber die französische Beeinflussung der Namensformen, welche nach der mehr oder weniger hervortretenden Latinisierung bald stärker bald schwächer sich fühlbar macht, aufzudecken, soll im folgenden meine Aufgabe sein. Abgesehen habe ich hier jedoch von dem romanischen Einflufs, der sich, nur oberflächlich und ohne jede Konsequenz durchgeführt, auf die Orthographie einiger Konsonanten erstreckt, z. B.: *u* anstatt *uu* in *Aluin*, *Eduard*, *Eduin* etc.; *y* an Stelle von *i* in der Lautgruppe *ai ei* in *Rayner*, *Raynbold*, *Erneys* etc.; die rein graphische Verwendung des *h* im Anlaut vor Vokalen in *Hely* (II 375), *Hedricus* (IV 272), *Hodo* (IV 43) etc. Abgesehen habe ich ferner von dem romanischen Einflufs auf die syntaktischen Verhältnisse, z. B. — um nur einige dieser Romanismen zu erwähnen — Gebrauch der Präpositionen *de ad in*; der Verba *manere tenere reddere testari*; Konstruktionen wie in Anglia *venit* (218[h]), *veniret in scyra* (190[d]) etc., syntaktische Eigentümlichkeiten, die sich nicht blofs im Domesday-Book auf jeder Seite fühlbar machen, sondern das gesammte Mittellatein beherrschen.[2]

In dem ersten kürzern Kapitel meiner Untersuchung seien die französischen Lauterscheinungen, die aufserhalb der Namen zu Tage treten, abgehandelt, während im zweiten Kapitel die diesbezüglichen Namensformen und im dritten einige sich aus dem Vorhergehenden ergebende sprachgeschichtliche Bemerkungen folgen.

Stand mir auch nicht die ganze faksimilierte Ausgabe[3] des Domesday zur Verfügung, — ich vermochte aus selbiger nur die Grafschaften Sussex und Bedfordshire, die der Namen Hairaudus und Tetbaudus wegen besonderes Interesse boten, zur Vergleichung herbeizuziehen, während ich im übrigen dem 1783er resp. 1816er Drucke folgte — so möchte ich doch an die Korrektheit der ge-

---

[1] In den Grafschaften erster Redaktion (Vol. II u. IV) ist diese Latinisierung der Eigennamen am stärksten. — Dafs verschiedene Schreiber die Berichte der Einschätzungskommission kopierten, beweisen wohl die Eigentümlichkeiten des Styls in den verschiedenen Grafschaften, die trotz der Knappheit und gröfsten Kompression des Ausdrucks bemerkbar sind. Vgl. auch Freeman V 8 f. und Domesd. Vol. IV, Introd. p. IX.

[2] vgl. Pott, Romanische Elemente in der Lex Salica in Höfers Zeitschr. Bd. II 113 f.

[3] Domesday Book or the Great Survey of England, ... Photo-Zincographed by Her Majesty's Command at the Ordnance Survey Office, Southampton, Colonel Sir H. James 1862.

druckten einzelnen Formen um so weniger zweifeln, als ich diesen Zweifel an der jedesmaligen Spracherscheinung durch eine grofse Anzahl von Belegen auszuschliefsen bemüht gewesen bin, und überdies die Kollation von Faksimile und Druck der oben erwähnten Grafschaften keinerlei Abweichung ergab.

Sir II. Ellis giebt in seiner Introduction to Domesday (London 1833, 2 Bde.) Indices der im Exchequer-Domesday aufgezählten Tenentes, aber ich glaubte dennoch die beiden Bände des Exchequer-Domesday Seite für Seite durchgehen zu müssen, da einerseits zur Erhärtung der sprachlichen Richtigkeit der einzelnen Namensformen die Belege mir in einzelnen Fällen nicht zahlreich genug schienen, andrerseits — und dies ist die Hauptsache — gerade uns interessierende Namen in seiner Aufzählung ganz fehlen oder in ungenauer Schreibung — die Doppelformen sind meist gar nicht berücksichtigt — wieder gegeben sind [1], wie überhaupt seine Introduction nicht dazu bestimmt ist, einer philologischen Untersuchung über das Domesday zur Grundlage zu dienen; in sprachlicher Hinsicht in Betreff der Namen der Tenentes vollständig zu sein und auf die bunte Orthographie derselben Rücksicht zu nehmen, lag überdies dem Interesse des Buches fern. — Ebendasselbe gilt von den im dritten Bande des Liber Censualis veröffentlichten Indices, und auch das Personenverzeichnis des Book of Exeter im vierten Bande konnte mich einer genauern Durchsicht desselben nicht überheben.

KAPITEL I.
Das französische Sprachelement aufserhalb der Eigennamen.

aira accipitris 252⁰. 257ᵃ. 265ᵇ ᶜ (2).[2] — *aire* accipitris 256ᶜ. 265ᵃ.
— *airea* accipitris 180ᵈ. Adlerhorst; vgl. Diez Etym. Wörterb. I s. v. acre.

arpennus 73ᵃ (2). — *arpenz*, Nom. Pl. 74⁰ (3). — frz. arpent.

---

[1] Nur im Vorübergehen seien hier einige der mir zufällig aufgestofsenen Abweichungen von dem mir vorliegenden Drucke des Domesday aufgeführt:

für Rolft verzeichnet	Ellis II 207: Rolet,
„ Genius [Geni9]	„ II 116: Genuis,
„ Ultresport	„ II 401: Ultrespont,
„ Basine	„ II 47: Basine,
„ Buenuasleth	„ I 388: Buemualest,
„ Fafiton	„ II 381: Fasiton,
„ Tetbertus	„ II 394: Terbertus,
„ Mufla	„ II 187: Musla,
„ Jernio	„ I 438: Jeanio,
„ Ulfiet	„ II 255: Ulsiet,
„ Gozel (= Gozelinus)	„ II 331: Gozel, Gozet,
„ Phanceon	„ II 367: Phanexon,
„ Turuauilla	„ II 397: Turnauilla.

Ganz fehlen, um nur einige aufzuführen, Froisseleuu, Boscher, Boschet, Burdel, Galeram, alabarbe, Aigle etc.

[2] Die in ( ) eingeschlossene Zahl giebt die Anzahl der Belege in der betreffenden Spalte an.

auera häufig, z. B. 189ᵃ. 190ᵈ. 193ᵈ. 194ᵇ (3) etc. 2ᵈ. 9ᵈ. 219ᶜ: de auera id est servitium. Du Cange, s. v. auera: servitus rustica; — bewegliches Vermögen. — ? afrz. aveir (Habe; Herde).
bacons Acc. Pl. 69ᵃ. — afrz. bacon.
lib. *blans* Acc. Pl. II 285ᵇ. — Weifspfund (vgl. dt. Weifspfennig).
careledes 68ᵃ. 175ᶜ. — Wagenladungen.
coszez 70—73 häufig, IV 408. — *cozez* 65 häufig. Nom. Pl. von coscet; vgl. DC (Du Cange) s. v. coscez: cotorum habitator, unser Kotsasse, Kossath.
culibertus IV 106, für das häufige colibertus. — afrz. culverz.
disraisnauit IV 107. — afrz. desraisnier.
escangium 308ᶜ. 376ᵇ; II 4ᵇ. 6ᵇ. 15. 16ᵇ. 18. 37ᵇ. 38. 40ᵇ. 52 (2). 58. 62ᵇ (2) u. ö. — *scangium* 336ᵃ. — *scambium* 84ᶜ. — afrz. escange.
escolare 9ᵈ. — afrz. escoter.
essarz Nom. u. Acc. Pl., 179ᵈ. 184ᵈ (2). — 179ᵈ ist es eine interlineare Erklärung von Terra projecta de silva. — afrz. essart.
ferdins 140ᵇ. — Plural von dem häufigen ferdinc, ferding (II 126ᵇ. 127ᵇ. 135. 141 etc.); (ags. feording, quarta pars aticujus mensurae).
feudum II 26ᵇ. 32. 33. 67. 72ᵇ. 90ᵇ etc. — *feuum* 4ᵈ. 36ᶜ. — *feum* 336ᶜ. — vgl. Diez, E. W. I s. v. Fio. — afrz. fieu.
forgia 179ᵃ. — frz. forge.
fumagium 181ᵃ. — frz. fumage.
grangia II 290. — frz. grange.
haia häufig, z. B.: 254ᵃ (4). ᵇ (2). 256ᶜ. 265ᵃ (2) ᵇ etc. — frz. haie.
herbagium 16ᵇ (3). ᶜ. ᵈ(2). 17ᶜ. 22ᶜ (2) ᵈ (2). — frz. herbage.
homagium II 172. — frz. hommage.
hundrez 293ᶜ. 298ᵈ. 336ᵈ. — Acc. Pl. von hundret.
inguardos 190ᵃ (2). ᵈ (2). 191ᵃ; für das häufige inwardos. Ellis I 263: Inward was the guarding the person of the King, when he lodged in a city, or the attendance on the Sheriff. It also implied certain servile works about the King's demesnes or the lord's inlands.
ilalaf IV 94 (= in latitudinem). Ist dem Schreiber hier der frz. Artikel entschlüpft oder ist es nur ein Schreibfehler? (Der Druck fügt die Bemerkung sic orig. hinzu.)
leuuede 175ᶜ. 177ᵈ. — *leuuedes* 175ᵈ. — nfrz. levée.
manerium begegnet fast auf jeder Seite (ausgeschrieben z. B. 14ᵃᵇ. 30ᵃ (2); II 126ᵇ. 127ᵇ. 140ᵇ. 172 etc.). Manerium erscheint nach Dugdales Glossar (Ellis I 225) in England zuerst unter Eduard dem Bekenner. — DC s. v. manerium: Occurrit saepe in Legibus Henrici I. et in Chartis et scriptoribus Anglicis Manerium vox, quam a Normannis in Angliam invectam opinantur plerique, cum ante Normannos vix in veteribus tabulis reperiatur. — frz. manoir.
maresc 10ᵃ. 11ᵃ. 13ᵃ. ᵇ. 149ᵇ. 369ᶜ; II 322ᵇ u. ö. — *maresch* 13ᵃ. ᵇ. 355ᵇ. 369ᵈ u. ö. Sumpf; vgl. Diez, E. W. I s. v. Mare.
marilagium 138ᶜ. 197ᵃ. — frz. mariage.
pro *marsuins* 17ᶜ. — frz. marsouin.

tenere, habere in *paragio*, häufig, z. B. 45^b. 46^b. 51^c. 53^c. 63^c. 80^b.
83^c. 96^a etc. (Gleichbedeutend mit dem 375^b häufigen aequa-
liter et parabiliter tenere.) — frz. parage.
paisson 68^a. DC s. v. Paisson: Glandée ou l'action et le droit de
faire paître le gland et autres fruits ou herbes des forêts.'
passagium 273^a. 283^c. 343^b. 354^b. — frz. passage.
perca II 182. — nfrz. perche.
pors Acc. Plur. II 122^b. 131^b. 135. 147^b. 151^b. 156. 279. 295. 303^b.
316^b etc. — frz. porc.
poters Nom. Pl., 168^d. — frz. potier; interlinear zu figuli.
quarantena II 182 (2). — *quarentena* 65^c. 75^c; II 111^b (quadragin-
tena, Längenmafs von 40 Ellen). — nfrz. quarantaine.
roncinus IV 27 (3). 28 (2). 29 (2) etc. (für runcinus 26 (2) etc.). —
frz. roncin, roussin.
saisire, saisii, saisitum, häufig, z. B. 26^b. 80^d. 101^d. 132^d. 138^c. 167^b.
176^a. 196^d etc. (= mittere aliquem in possessionem); 166^a. 262^a.
373^d. 374^b; II 72. 310^b etc. (= occupare, possidere). — *saisio* 158^d.
— *saisitor* 208^a. ^b. — *saiatus* II 412. 443^b. — *desaisire* 30^a. 32^a.
35^b. 148^d. 151^c. ^d. 208^a. — *desaitus* II 432^b. — *resaisire* 78^d.
376^d. 377^c; II 270^b. — *seisitus* II 297^b. 317^b. — *sesina* II 299^b.
— *sesitus* II 294 (2). 297^b. 305. 321^b. 335^b. 345. — frz. saisir.
tailgia 339^c. — *tailla*, häufig in Lincolnscire, z. B. 340^a. ^b. ^c. ^d.
342^a. ^b. ^c. ^d. — frz. taille (vgl. Diez, E. W. I s. v. Taglia).
timbres pellium martrinium, Acc. Pl. 262^b. Marderfelle (afrz. timbre).
uillainos IV 335; für villanos (frz. villain).

KAPITEL II.

Das französische Sprachelement in den Eigennamen.

„Man hätte längst bedenken sollen, wie es für den Etymologen
prinzipiell eigentlich gar keine Nomina propria giebt, nur Appella-
tiva"[1], und doch hat die Onomatologie viele Feinde gezählt. Es
hat Stimmen gegeben, welche die Namen keiner sprachlichen Untersuchung für würdig gehalten und ihnen die Fähigkeit vollständig
abgesprochen haben, dem Sprachforscher als mafsgebende Grundlage für die Sprachentwickelung zu dienen und die Kriterien des
betreffenden Lautstandes abzugeben: sie hätten mit der lautlichen
Entwickelung des übrigen Sprachschatzes nicht gleichen Schritt
gehalten und repräsentierten einen hinter dem jedesmaligen Sprach-
stande liegenden Lautstand.[2] Doch dies widerspricht den Grund-
gesetzen der Sprachentwickelung, deren einzelne Stadien gleichen
Anfang und Abschlufs für das gesammte Sprachgebiet repräsentieren,
somit auch für die im Volksmunde lebenden Namen, von denen,

---

[1] A. F. Pott, Die Personennamen, insbesondere die Familiennamen und
ihre Entstehungsarten, Leipzig 1853, S. 1.
[2] F. Seiler, die althochdeutsche Übersetzung der Benedictinerregel, bei
Paul und Braune, Beiträge I, 1874, p. 481. — Ad. Bezzenberger, Über die
A-Reihe der gotischen Sprache, 1874, p. 13. — Vgl. dagegen u. a.: A. Heintze,
Die deutschen Familiennamen, Halle 1882, p. 8. 77 f.

wie unten näher besprochen werden wird, die durch offizielle
Schreibung fixierten zu scheiden sind. Ein Blick auch auf unsere
— nicht aus ursprünglichen praenominibus hervorgegangenen —
Familiennamen genügt, um uns zu überzeugen, daſs sie in ihrer
lautlichen Entwickelung hinter der eines beliebigen andern Wortes
unseres Sprachschatzes nicht zurückstehen. Sie haben ihren Ursprung in den unterscheidenden Zunamen, die, um ein gut Teil
jünger als die Rufnamen, im Munde des Volkes in Bezug auf ihre
Lautgestalt keine Ausnahme von der Entwickelung des übrigen
Sprachgutes erfuhren und lange Zeit einen Bestandteil des flüssigen
Sprachelements bildeten, ehe sie durch ihre offizielle Fixierung zu
fester, von Vater auf Sohn vererbender, Form erstarrten.

Während somit diese — nicht ursprünglich praenominalen —
Familien- resp. Zunamen ein vollgiltiges Zeugnis über den Lautstand einer jeden Sprachepoche abzugeben vermögen, haben die
Orts- und Taufnamen, sowohl die eigentlichen als die in einer
jüngern Zeit zu festen Familiennamen verwendeten, allerdings sich
ein mehr archaisches Gepräge bewahrt. „Die Ortsnamen wurden
durch offizielle Schreibung anf einer gewissen Entwickelungsstufe
fixiert; die Taufnamen wurden vielfach durch eine gewisse etymo-
logisierende Richtung vor den übrigen Wörtern konserviert."[1] Ich
möchte auch hier bei den Taufnamen das offizielle Moment, das
ihnen durch den Taufakt innewohnte, als mitwirkend für die Kon-
servierung der altertümlichern Form erwähnen, ebenso die wohl
oft eintretende Vererbung der Rufnamen in den einzelnen Familien,
so daſs vor allem in den Vornamen des deutschen Mannes zuweilen
uralte Lautzustände in gewissermaſsen versteinerter Form uns noch
heute entgegentreten.

Was nun das Domesday-Book anbetrifft, so fällt die weitaus
gröſste Zahl der darin verzeichneten Namen unter die Kategorie
der Taufnamen, da wir uns hier in der zweiten Hälfte des elften
Jahrhunderts erst in der Entstehungsperiode der Familiennamen
befinden.[2] Jene Taufnamen, gewöhnlich germanischen Ursprungs
wie ihre Träger, die Sachsen, Dänen und Normannen, sind uns in
der lateinischen Urkunde in den allermeisten Fällen in latininisierter
Gestalt übermittelt, und der französische Einfluſs auf die Rufnamen
— selbst auf die der Normannen — ist in Hinblick auf die Ver-
änderung des übrigen Wortschatzes immerhin als gering zu be-
zeichnen. Auch hier also die retardierende Lautbewegung der
Praenomina. Nur hier und da, und ohne jede Konsequenz, ist
auch den Rufnamen der Angelsachsen von dem Schreiber der un-
deutliche, nur oberflächlich ausgeprägte und schlecht erkennbare,
Stempel des französischen Lautstandes aufgedrückt.

---

[1] Althof, Grammatik Altsächsischer Eigennamen in Westfälischen Ur-
kunden des neunten bis elften Jahrhunderts. Paderborn 1879, p. 11. — Vgl.
auch die Recension dieser Schrift in Zachers Zeitschrift für deutsche Philologie, 1881, Bd. XII p. 255.
[2] Freeman, V 565.

Anders verhält es sich mit dem unterscheidenden Cognomen,
mag dasselbe nun durch französische Ortsnamen gebildet werden,
die, noch nicht durch amtliche Schreibung dem Strome der Sprachentwickelung entrückt, gerade hier — in England wohl früher als
irgend wo anders — auf dem Punkte sind, zu erblichen Gentilnamen zu werden[1]; oder mag die Bezeichnung irgend einer Eigenschaft ihrem Inhaber zum unterscheidenden Merkmal von Personen
gleichen Taufnamens, zum nomen et omen, geworden sein. Diese
Zunamen sind uns ein ebenso willkommenes als vollgültiges Zeugnis
des normannischen Lautstandes in der Mitte und zweiten Hälfte
des an romanischen Denkmälern so armen elften Jahrhunderts.[2] —
Daß wir in dieser Periode mitten im Leben der Sprache stehen,
beweisen uns Doppelformen wie Rannulf von Columbels neben Columbers, Wilhelm Belet neben Belot, Robert Burdel neben Burdet,
Rannulf Flammard neben Flamme, Tibellus de Helion neben Herion,
Osbern Paisforere neben Pastforeire etc.
Ich habe die gesammelten französischen Namensformen alpha-
betisch eingeteilt in:
Zunamen (inkl. unterscheidende Ortsnamen); sie sind uns
auch zuweilen ohne die Taufnamen durch den die Vorlage
stark kürzenden Schreiber überkommen, z. B. Brunel, Boscher,
Boschet, Morel etc. Die Namen der englischen Ortschaften
— soweit sie mir als solche erkennbar waren — glaubte ich,
da man sich hier auf gar zu unsicherem Boden bewegt, ganz
bei Seite lassen zu müssen, mochten sie zuweilen auch noch so
verführerische Formen bieten (z. B. Percheha'[3] IV 270; Paulet IV 332;
Wacet IV 340; Bristou für Bristol 88[b]. 163[b]. Über Cruiland 203[b].
204[a] (2). 231[b] (2) etc. für Cro(w)land vgl. Freemann, IV 597 Anm.).
Als Anhang gebe ich die — wohl immerhin sicher — romanischen Zu- resp. Ortsnamen, für die eine Erklärung mir abgeht. —
Zuweilen gestattet hier der normannische Vorname einen Schluß
auf den Ursprung des folgenden Zunamens, denn in der Periode
des Domesday, erst zwanzig Jahre nach der normannischen Invasion,
sind in den meisten Fällen die Vornamen der Sieger und Besiegten
noch zu scheiden, so daß sich Namen wie Richard Wilhelm Heinrich
Robert und Aelwin Aelfred Edward Ulstan etc. gegenüberstehen
und bestimmt von einander abgrenzen;
Taufnamen, unter denen sich auch eine Anzahl ags. Namen
mit romanischen Lautmerkmalen befinden;
mir dunkle Namen, oder solche, die ich nicht mit Bestimmt-
heit dem romanischen Sprachgebiete als ihm angehörig oder von
ihm affiziert zuteilen mochte.

---

[1] Vgl. Bruis, Balgiole, Mortemer, Perci u. ä.
[2] Ausnahme machen einige Ortsnamen in mehr oder weniger latinisierter
Form: diese — wenn ich mich des Ausdrucks bedienen darf — halbromanischen
Formen habe ich in folgenden Kap. mit aufgezählt.
[3] Daß ich mich bei Wiedergabe von Abbreviaturen an die Typen der
Druckerei binden mußte, war conditio sine qua non.

Zunamen.

A.

Abetot, Urso de, 162^c. 169^d (2). 177^c(2). 187^c(2). 243^d (2). — Abetoth, Urso de, 172^a. 179^b. — Abetot (Seine-Inf.) vgl. Joret, Des caractères du patois normand, Paris 1883, p. 53.

Adobed, Rualdus, 100^a. 114^d(3). — Adobatus, Rualdus, IV 382. 469. — afrz. adubé.

Adreci, Normannus de, 337^b. 361^c(2). — Areci, Normannus de, 340^c. 375^b. — Arcy (Yonne).

Aigle, Richerius de, 36^b. — Laigle (Orne).

Aincurt, Walterius, Willelmus de, 226^b (2). 272^a. 276^c(2). 280^b. ^{c}. 288^c (2). 298^d. 326^b (2). 337^b. 340^a. 361^a (2). 376^d. 377^b (3). — Aincurth, Walter de, 219^b. — Aincourt (Seine-et-Oise).

Albemarle, Robert de, 100^a. 113^a (2). — Albamarla, Robert de, II 1. 91^b. 430^b; IV 3. 8. 390. — lat. Albamarula IV 59 (2). 60. 64. 392 (2) u. ö. Aumale (Seine-Inf.). — Robert kämpft bei Hastings, vgl. Roman de Rou, ed. Andresen II 8443.

Albengi, Nigellus de, 59^d. — Albingi, Nigellus de, 209^a. 214^a. 236^a (2). — Albinie, Nigellus de, 214^b. — Albinio, Nigellus de, 143^b. — Aubigny.[1]

Aldreio, W. de, IV 22. — Aldrie, Willelmus de, 71^o. — Audrieu (Calvados).

Alencun, Bernard de, II 443^b. — Alençon (Orne).

Alis, Willelmus, 37^d. — Alisius, Willelmus, 48^c (2). — afrz. alis (Godefroy, Dict. de l'anc. lgue. franç., s. v. Alis, 2: poli, doux; net, maigre). Oder Will. Alesiensis, aus Alise (en Auxois)?

Almanesches, Abbatia de, 24^d. 25^a. — Almenéches (Orne).

Aluers, Robertus de, 219^a. — Auvers.

Andeleio, Richerius de, IV 179. — Andeli, Richerius de, 52^n. — Les Andelys (Eure).

Angeuinus, Osmund, Wido, II 2^b. 109^b. 151 == Andegavinus.

Appeuile, Walter de, 9^o. — Appeville. (Über Appe — Aple — vgl. Joret, pat. norm., p. XXVII; 47).

Arches, Osbern de, 329^a. — Arques (Seine-Inf.); lat. de Arcis 298^d. 329^a. 337^b. 364^b, de Archis 298^b. 329^o; II 320.

Argentomo, David de, 202^a. 216^d. — Für Argentomago (202^a); Argenton (Indre), oder Argentan (Manche).

Armenteres, Robertus, 56^c. — Armentières (Nord.).

Arondellus, Roger, IV 18. 19. 21(2). 22. — Arundel, Arundellus, Roger, 75^a. ^{d}. 82^c (2). 86^a. 89^d. 94^c(2); IV 44 (3). 67 u. ö. — Harundel, Roger, IV 411. — ? Dem. von afrz. aronde (hirondelle).

Asne, Hugo, 180^a. ^{b}. ^{o}. 181^b. 183^a. — Lasne, Hugo, 64^o. 73^a(2). 162^o. 169^b(2). 172^a. 177^d. 179^b. 187^n(2). 252^a. 260^d(2). — Asinus: 177^d.

---

[1] Wo das Departem. nicht angegeben, giebt es mehrere Örter desselben Namens in Nord-Frankreich. — Der Dictionnaire topographique de la France stand mir für die in Betracht kommenden Departem. nicht zu Gebote.

B.

Badpalmas, Radulf de, 336[b]. — Bapaume.   Vgl. Darmesteter, Traité de la formation des mots composés, Paris 1875, p. 179: Batipalma.

Bagod 249[b]. — afrz. bagos; DC: ribaud, débauché, homme sans coeur.   Vgl. auch s. v. Bagori. — Bagauda (gallischer Aufständischer).   Vgl. DC s. v. Bagaudae.

Bans, Radulf de, 189[a]. — Vgl. Rou II 3551: Bans le Cunte? alsdann das heutige Baons-le-comte (Seine-Inf.).

Hugo alabarbe 37[b]. — barbatus: 49[e].

Bastard, Robert, 113[b](2); IV 64(3). — afrz. bastard.

Basset, Radulf, Ricard, Willelmus, 137[d]. 149[e]. 213[b]. 215[b]. — Dem. von bas, gedrungen.

Batailge, abbatia de, 2[b]. — La Batailge, ecclesia de, 11[d]. 101[a]. 154[b]. — Labatailge, abbatia de, 16[a]. 17[d]. 30[a]. 34[a](2). 56[a]. [b]. 59[d](2). 100[a]. [b]. [d]. 104[a](2). 157[a](2). — Batailla, abbas, monachi de, IV 76. 89. 461. — Bataillie, abbas de, IV 178. 469. — Batallia, abbas de, IV 61. 87. — Battle Abbey. — Rou II 9045: La ou la bataille out esté fist abeïe e mist abé. — Vgl. Freeman, Hist. IV 404 f.

Bech, Goisfrid de, 132[a]. [b]. 140[a](2). — Bech, S. Maria de, monachus de, 34[d]. 68[c](2); IV 14. Benedictinerabtei bei Rouen (vgl. Beneeits Chron., ed. Fr. Michel, Gloss.). Dafs das häufig zu Ortsnamen verwendete dtsch. bach beck auch dieser Abtei den Namen gegeben, bemerkt Wilhelm von Jumièges, der von dem Orte sagt: „Qui a rivo illic manante Beccus appellatur". Andere Belege hat Joret p. 48, Note 4 gesammelt.

Belcamp, Hugo de, 132[b]. 138[d](2). 142[d]. 143[b]. 150[e](2). 209[a]. 210[b]. 211[d](3). 212[b]. [e](3). 215[a](2). 217[d]. 218[a]. — Belcamp II 77. — Belcampo, Goisfrid de, 373[a]. — Beauchamp (Loiret), oder eins der in der Normandie häufigen Beauchamps, Beaucamps?

Belet, Willelmus, 37[d]. 48[d](2). 56[d]. 75[b]. [d]. 85(2); IV 25(2), 31. — Belot, Willelmus, 84[d]. — Dem. von bel.

Belfou, Willelmus, 56[d]. — Belfou, Willelmus de, 65[e]. — Belfago, Radulf de, II 138[b]. 153. 229[b]. — Bellofago, Radulf de, II 109. 225[b]. — bolla Fago, Radulf de, II 225[b](?). — Schönbuch, bella fagus: II 118. 137[b]. 141[b](2). Nach Rou II 8449 Anm.: Beaufour (Calvados), oder Beaufai, Arr. Montagne.

Belmont, Rogerius de, 75[a]. 80[b](2). 162[e]. 168[a](2) (R. de bello monte IV 22(3). 24. 275). — Kämpft bei Hastings, Rou II 8353; vgl. hiezu die Anm. und Freeman, Hist. III 488. — Beaumont.

Beluaco, Goisbert de, 132[b]. 140[d](2). — Beauvais (Oise).

Bereuile, Nigellus de, 151[c](2). — Bereuille, Nigellus de, 143[b]. — Berville.

Bernai, abbatia, Radulf de, 173[b]. 179[c]; II 389. — Bernay, Dioc. Lisieux.

Berneres, Hugo de, 127[b]. 130[b]. 189[b]. 199[b](2); II 60[b]. — de Berneriis II 100[b]. — Bernières.

Berseres, Urso de, 143^b. 152^b(2). — Berchères.

Beureire, Drogo de, 228^a(2). — Beurere, Drogo de, 219^h. 230^b. 236^a(2). 323^c. 360^b(2). 375^d. 377^a.^{a}. — lat. Beuraria II 109. 115^b, Beureria II 247(2). 432. — Beurrières.

Bigod, Roger, II 335. — Bigot, 266^d. 268^n. — Bigot, Roger, II 1. 87^h. 109. 109^b. 110. 115. 116. 116^h. 117^h. 118. 118^h u. ö. — Mitkämpfer bei Hastings, Rou II 8571. — frz. bigot; vgl. Rou II 4780: e claiment bigoz e draschiers.

Blancar, Robert, II 243^h. — Blancard, Robert, 352^b.^{c}; II 140^b. — Blancardus 352^b. — Der Weisse.

Bloiet, Radulf, 47^b. — Bloet, Radulf, IV 410. — Blouuet, Radulf, IV 409. — Dem. von bloi; vgl. Diez, E. W. I s. v. Biondo.

Blon, Rodbert, II 367^b(2). — Blon^{do}, Gislebert, II 316. — Blondus, Gislebert, Robert, II 124. 262. 325. 370; IV 3(4). 8. — Die latinis. Form blundus sehr häufig; vgl. Diez, E. W. I s. v. Biondo.

Blosseuile, Gislebert de, 152^d. 217^b. — Blosseville-Bonsecours oder Blosseville-ès-Plains (Seine-Inf.).

Boci, Robert de, 219^n. — Buci, Radulf, Robert de, 219^h. 225^b(2). 232^h. 234^b(2). 236^h. 250^c(2) u. ö. — Bussy.

Bolebec, Hugo de, 143^a. 147^b. 211^h. — Bolebech, Hugo de, 56^c. 143^b. 150^d. 154^h u. ö. — Mitkämpfer bei Hastings, Rou II 8559. — Bolbec (Seine-Inf.).

Bonuaslet, Willelmus, 238^a. — Buenuaslet, Willelmus, 235^h. — Buenuasleth, Willelmus, 230^h. 235^h. 238^a. 243^b(2) = bon valet.

Borel 69^d(2). — Ducange s. v. Borellus: carnifex; vgl. Diez, E. W. II° s. v. Bourreau. Oder kelt. Ursprungs? vgl. Galfrid's von Monmouth Historia Reg. Brit. Lib. 9. Kap. 12: Borellus Cenomanensis (Ausg. von San-Marte, Halle 1854, p. 132).

Borgoin, Walter, IV 361. — Borgundiensis, Walter, IV 361. — Burgundiensis.

Bosc, Willelmus de, II 81. — *boxus, *boscus. Will., Hugo de nemore, denomore II 344. 424. 425; IV 19. 25.

Boscher 240°. — Waldmann.

Boscherberti, Hugo de, 75^a. 83^b. — H. de bosco Herberti IV 42 (de nemore Herberti IV 19. 25).

Boschet 286^b. — Dem. von bosc.

Boscnorman, Roger de, 219^a. — Bois-Normand-près-Lyre oder Bos-Normand (Eure).

Boscroard, Willelmus de, 149^b. — Roardsbusch.

debee uilla, Willelmus, II 374. — debu uilla, Willelmus, II 388. — Bou uilla, Sabala de, II 413. — Bouville.

Braiboue, Hugo de, 8^d. — Brébeuf in d. Landsch. Cotentin; vgl. Joret p. 42 f.

Brant, Willelmus, II 159^b. — Schwertklinge.

Bretel 79^b(2). ^{o}(2). ^{d}(3). 80^a(2). 86^b.^{c}. 92^a(4). ^{c}.^{d}(4). 93^a. 98^o u. ö. Bretellus IV 248. 256. 261 (Britellus IV 67. 71. 248. 249(5), Brittellus IV 254) Dem. von Bret (Brito).

Bretauilla, Gislebert de, IV 4. — Breteuile, Gislebert de, 37[d]. 43[c]. 48[a](2). 52[a]. 56[a]. 61[d](2). 64[c]. 71[b](2). 161[a]. — Breteuilla, Gislebert de, IV 6. 9. 11. 15. 16 u. ö. — Breteville.

Brimou, Rayner de, 337[b]. 364[a](2). 375[a]. [b]. [c]. [d]. 376[a]. — Brimeux (Pas-de-Calais).

Brion 242[c]. — Vom Ortsn. Brion (Eure).

Brisard 349[c]. — Brecher.

Broilg, Osbern de, 213[c]. — Breuil (vgl. afrz. bruil, nhd. Brühl).

Bruis, Robert de, 332[c]. 333[a]. — Brix, Arr. Valognes; vgl. Rou II 8537 Anm. und den Familienn. Bruce).

Bruman, Brumannus, Brumanus, 2[n]. 56[c]. 146[c]. 189[c]; II 314[b]. 342. — Burguy, Grammaire III, s. v. brut: bruman, mot encore en usage dans la Normandie et la Champagne pour dire nouveau marié.

Brun 264[a]. 266[b]. [d](4); II 48. 74[b]. 337[b](3). 378. 441[b]. — frz. brun.

Brunel 357[b](2). — Dem. von brun.

Budi, Gislebert de, 238[a]. — Boudy? (Lot-et-Garonne).

Buissel, Roger, 94[d]. — Boiscellus, Roger, IV 414. — Boissellus, Roger, IV 47. — Bisellus, Roger, IV 35(2). — Bissellus, Roger, IV 414. — Scheffel. — Oder gehört trotz der Gleichheit des Taufnamens Bisellus Bissellus zu afrz. bis? Godefroy Dict. s. v. bisel: couleur bise; oder schliefslich zu afrz. bisse Hindin?

Burceio, Serlo de, IV 6. 20. 22. 69. 73 u. ö. — debur ceio, Serlo de, IV 69. — Burci, Serlo de, 75[a]. 82[d]. 86[a]. [c]. 97[d](3). 98[a](2) u. ö. — Borci, Serlo de, 96[d]; IV 145. 418(2). 419(2). — Bourzy? (Saône-et-Loire).

Burncuilla, Willelmus de, II 183[b]. — Burnoluilla, Willelmus de, II 337. 438. 448[b]. — Burnouilla, Willelmus de, II 282. 342[b]. 343(2). Bourneville (Eure).

Burun [1], Ernegis, Erneis de, 298[b]. [d]. 328[c]. 362[b]. 376[c] u. ö. — Burun, Radulf de, 272[a]. 277[c](2). 280[a]. [d]. 290[a](2). — Burunt, Ernegis de, 328[c]. — Buron b. Fontainebleau? — Vgl. Joret, p. 44, Note 4.

C.

Cahainges, Willelmus de, 16[c]. 20[c]. [d]. 149[d]. 189[b]. 201[d](2). 219[b]. 225[c](2). — Cahanges, Willelmus de, 20[d]. — Cahaignes, Arr. Les Andelys, oder Cahagnes, Arr. Vire: vgl Rou II 8558.

Cada', Walter, Willelmus de, II 310. 317. 324[b]. 325[b](3). — Cadam, Willelmus de, II 324[b]. — Cadom, abbatia, ecclesia de, 78[c](2). 79[a](2). 104[b](2) u. ö. — Cadomi, Walter de, II 312[b](2). 313. — Cadomis, abbatia de, 75[a]. — Cadomo, S. Stephanus, S. Trinitas, Walter de, 166[c]; II 17. 21[b]. 22. 109. 154(2). 154[b](2). 304[b](2) u. ö. Caen (Calvados).

---

[1] Wir werden durch diesen Namen an die Dichter Borron und Byron erinnert; letzterer setzte bekanntlich seinen ganzen Stolz auf diese beiden vermeintlichen Gründer seines Stammbaums (Elze, Lord Byron, S. 1), und Pearson will mit derselben Willkür dem Robert de Borron diese 2 Stammväter zudiktieren,

Cailgi, Willelmus de, 61ᵇ. — Calgi, Willelmus de, 56ᵃ. 61ᵇ. — Cailly (Seine-Inf.; Eure); vgl. Rou II 8543.

Caisned, Radulf de, 17ᵇ. — (lat. Casnetum) Quesnoy.

Caisnellus, Willelmus, IV 23 (2). — Caisnel (Aisne) oder Quesnel (Somme).

Cambrai, Godefrid de, 230ʰ. 235ᵈ (2). 337ᵇ. 366ᵇ (2). — (lat. Camaracum). — Cambrai (Nord) oder Chambray (Eure).

Canceler, Reinbald, 180ᵈ. — afrz. cancelier.

Candorso, Roger de, II 406ʰ. — Candos, Roger de, II 405ᵇ. 409ʰ. 410. 410ᵇ. — Candor? (Oise).

Carbonel 179ᵇ. 187ᶜ. — Dem. zu afrz. carbon.

Cardon, Willelmus, II 19ᵇ. 62ᵇ. — Cardun, Willelmus, II 33ᵇ. 100ʰ. — Distel.

Caron, Willelmus de, 210ᵇ (2). ᶜ. 212ᵇ. ᶜ. 214ᵈ. — Carun, Willelmus de, 212ʰ. — Charron? (Creuse).

Cartrai, Hugo, Hunfrid, Malger de, 77ᵇ. 98ᵈ. 105ᵇ. 288ᶜ; IV 61. 175. 258. 475. — Cartraio, Malger, Roger de, IV 74. 489. — Cartreo, Mauger de, IV 193. — Chartreia, Maelger de, IV 444. — Kartrai, Malger de, IV 72. — Carteret, Arr. Valognes; vgl. Rou II 8475 Anm.

Castellion, S. Petrus de, 183ʰ. — Castellon, Willelmus de, 143ᵃ. — Nach Ellis, Introd. II 302: Castellion oder Couches, Dioc. Evreux.

Cernel, S. Petrus de, abbatia de, 77ᵈ. 83ᵈ. — Cerneux? (Seine-et-Marne).

Chacepul, Aluricus, 127ᶜ. — *captia pullum, fang das Huhn.

Cheure, Willelmus, 100ʰ. — Chieure, Willelmus, 110ᵇ (2). — Cieure, Willelmus, 100ᵃ. — frz. chèvre. — W. capra: IV 59. 61. 62. 63 u. ö.

Claron 284ᵈ. 285ᵃ. — Wohl zu clarus; vgl. Diez Gr.⁴ II 344: Suffix-on „liebkosend in Taufnamen".

Clauile, Walter de, 75ᵃ. 82ᵒ. 100ᵃ. 112ᵃ (2). 120ᶜ. — lat. Clauilla: II 308. 314ᵇ; IV 22. 23. 59 u. ö. — Claville.

Coci, Alberic de, 58ᵇ. 298ᵈ. 329ᵈ (2). — Coucy.

Coleuil, Willelmus de, 322ᶜ. — Coleuile, Willelmus de, 322ᵈ. — — lat. Colauilla: II 315ᵇ. 319. 324. 326. — Coleville.

Columbels, Rannulf de, 1ᵃ (2). 2ᵃ. ᵇ. 7ᵇ. 8ᶜ. ᵈ. 9ᵇ. ᵈ. — Columbers, Radulf de, 11ᵈ. 12ᶜ (: Rannulf). — Colombiers-sur-Seulles? (Calvados).

Constabulo, Rotbert, IV 246. 251. 473. 478. — frz. connétable.

Contiuilla, Radulf de, IV 329. — Cunteuill, Radulf de, IV 159. — Cunteuilla, Radulf de, IV 482. — Conteville.

Corbelin 23ᵈ. 24ᵃ. 32ᵈ. 36ᵈ. 229ᵃ.

Corbet, Roger, Roger filius, Robert filius, 253ᶜ. 254ᵃ. 255ᶜ. 256ᵃ.

Corbin 7ᶜ. 238ᵈ. — Deminutiva von afrz. corp, Spitzname für den Bauer; vgl. Beneeits Chron. ed. Michel, Gloss. s. v. Corbel: paysan; s. v. Corbin: corbeau.

Corbun, Hugo de, Willelmus de, II 64[b]. 176[b]. 278 (2). 333. 339. — Curbun, Hugo de, II 335. — Corbon.

Corcel, Roger de, 91[b]. — Corcella, Roger de, IV 2. 62. 67. 68. 69 u. ö. — Corcelle, Roger de, 86[a]. 91[b]. 96[c]. — Corcelles, Roger de, 72[c]. — Corscella, Roger de, IV 70. — Corsella, Roger de, IV 472. — Curcella, Roger de, IV 8. 148. 175 u. ö. — Curcelle, Roger de, 64[c]. 72[c]. 75[a]. 80[b] (2). 86[h]. 93[h]. 256[h]: — Curcello, Roger de, IV 14. — Courcelles, Courchelles?

Cormelies, abbatia, Ansfrid, Gozelin de, 49[h] (2). 166[a]. 169[d]. 179[c]. — de Cormeliis: 163[a]. 169[d]. — Cornreilles, Dioc. Lisieux (vgl. Ellis, Introd. J 401 Anm. 3).

Corniola, Willelmus, IV 15. — Corniole, Willelmus, 73[c]. 74[d]. — Cornolla, Willelmus, IV 3. 8. — Karneol. — „Corneoles est piere oscure" (Les Lapidaires français; publ. par L. Pannier, Paris 1882, p. 52).

Cornuailgie 120[a] bis 125[h]. — Cornwallis.

Cotel, Beringar, IV 10. — Côtel, Beringar, IV 17. — afrz. cotel: cotte de maille (Godefroy, Dict.). — (Oder deutet ö auf coltel, couteau?)

Croc, venator, Rainald, Rainald filius, 49[a] (3). 52[a]. [h]. 67[b]. 69[h]. 74[c]. [d] u. ö. — Croch, venator, Rainald filius, 37[d] (2). 49[a] u. ö. Haken; vgl. Diez, E. W. II[c] s. v. Croc.

Culdelou, cul de lou, Odo, IV 3. 8. — IV 15: culus lupi.

Curbespine, Radulf de, 1[a]. 2[a]. [h]. 7[c]. 8[h]. 9[d] (2). 10[c] (2). [d] (2). 11[a]. [c] (2). [d] (2). 13[b]. — Curbespina, Radulf de, 11[d]. 12[c]; II 374. — Krummrücken.

Curci, Ricard de, 154[h]. 159[a] (2). — Courcy, Arr. Falaise (vgl. Rou II 8505 Anm.).

Curcon, Rotbert de, II 187. — Curcun, Robert de, II 175[b] (2). 181[h]. 182[h]. 299[b]. 331[h]. 336. 336[h]. 449. — Courçon (Charente-Inf.).

D.

Diue, Boselin de, 189[h]. 202[c] (2). — Surdiue, abbatia S. Petri de, 56[a]. — Superdiue, abbas de, 59[d]. — lat. Superdiua: 59[d]. — Abtei S. Pierre-sur-Dive, Dioc. Séez; vgl. Rou II 5164: A Saint Pierre vindrent sor Dive.

Doai, Walter de, 36[a]; II 1. 91. 407[b]. — Douuai, Walter de, Willelmus, Walscin de, 6[d]. 30[a]. 36[a]. 64[c]. 72[a]. 75[a]. 86[a]. 95[a] (4). [b]. 98[c]. 111[c] (2). [d] (2). — Dvai, Walscin de, 82[b]. — Dwai, Walscin de, 72[a]. 82[b]. — lat. de Duaco: IV 69. 70 (3). 73. 151 etc.; Douai (Nord).

Dol, Galter de, II 152[b]. 153 (2). — dedol, Galter, Walter de, II 152. 299[b]. 321[b]. 371. 377. — Dol (Ille-et-Vilaine).

Dreuues, Amelric de, Herman de, 70[c]. 73[b]. [c]. 187[a] (2). — (lat. Durocasses); Dreux (Eure-et-Loir).

Dur', Willelmus, 70[c]. — durus.

E.

Ebrois, R. de, II 222ᵇ. 225ᵇ (lat. Eburovices); Evreux (Eure).
Ernucion 24º. 25ᵇ. 259ᵇ. — Ernucûn, Johannes filius, II 84.
— Ernuzon 59ᵈ. — Roquefort Gl.: Hernoux, Arnold; hievon
ist Ernucion wohl Koseform.
Estordet, Ricard, IV 18. — Estordit, Ricard, IV 11. — frz.
étourdi (vgl. Diez, F. W. I s. v. Stordire).
Estormid, Ricard, IV 12. — Estormit, Ricard, IV 1. 6. —
Sturmi, Ricard, 48ᵃ. — Sturmid, Ricard, 32ᵈ. 37ᵈ. 41ᵇ. 48ᵃ.
64º. 73ᵇ. 74ᶜ. — Sturm̄, Radulf, II 253. — Turmit, Radulf,
II 252ᵇ. — afrz. estormi(d). — Vgl. Joret, p. 93: Létourmi.
Estra, Willelmus de, IV 19. — lestra, Willelmus de, IV 192. 250.
lestria, Willelmus de, IV 74. — Lestre (Manche).

F.

Faleise, Willelmus de, 62ᶜ. 72ᵃ(2). 75ᵃ. 82ᵃ(2). 86ᵃ. 96ᶜ(2).
100ᵃ. 111ᵃ(2). — Faleisia, Willelmus de, IV 347(2). 480. —
Falesia, Willelmus de, IV 24(2). 60. 63. 64 etc. — Falisia,
Willelmus de, IV 5. — Zu ahd. felisâ; Falaise (Calvados); vgl.
Will. Brito, Philippis lib. VIII: Vicus erat scabra circumdatus un-
dique rupe, Ipsius asperitate loci Falesa vocatur.
Feireres, Henricus de, 151ᵃ. — Fereires, Henricus de, 57ᵈ.
72ᵇ. 154ᵃ·ᵇ·ᶜ. 157ᵈ. 219ᵃ. 225ᵃ. 230ᵃ. 233ᵇ. 234ᵈ(2). 242ᵇ.
272ᵃ. 280ᵈ. 291ᵈ. — Fereriis, Henricus de, 166ᵈ; II 56ᵇ. 103.
— Fereres, Henricus de, 57ᶜ·ᵈ. 58ᵃ. 238ᵃ. 246ᵃ. — Ferieres,
Henricus de, 56ᵃ. 60ᵇ. 64ᶜ. 72ᵇ. 157ᵈ. 162ᶜ. 169ᵃ. 179ᵇ. 185ᵇ.
219ᵇ. 225ᵃ. 230ᵇ. 233ᵇ. 238ᵃ. 242ᵇ. 246ᵃ u. ö. — Ferreres,
Henricus de, 60ᵇ. 64ᵈ. 151ᵃ. 169ᵃ. 185ᵇ. 248ᵇ·ᶜ. — Ferrieres,
Henricus de, 353ᶜ. — Ferreris, Hermerus de, II 354. — de-
ferer', Hermerus de, II 109. — lat. de Ferrariis: 143ᵇ. 291ᵈ. 337ᵇ.
376ᶜ etc.; Ferrières-Saint-Hilaire (Eure). — Vgl. Rou II 8389
Anm.
Felceris, Radulf de, IV 63. — Felgeres, Radulf, Randulf,
Willelmus de, 30ᵃ. 36º(2). 63ᵈ. 113ᵈ. 143ᵇ(2). 151ᵇ(2). ᶜ(2);
II 109. 263. — Felgeris, Radulf de, II 278. 432. — Felgeriis,
Radulf de, IV 427. — Felgheres, Radulf de, 100ᵃ. 113ᵈ. —
Fougères (Ille-et-Vilaine); vgl. Rou II 8387 Anm.
Flambard, Randulf, IV 172. — Flammard, Rannulf, 37ᵈ. —
Flammart, Rannulf, 58ᵇ. — Flanbard, Rannulf, 30ᵈ. 67ᵃ·ᵇ.
89ᵈ. 127ᵇ. 157ᵃ. — Flanbart, Rannulf, 51ᵇ. — Flamme, Rannulf,
37ᵈ. 49ᵇ(2). — Der Flammende; der das Schwert flammen
läfst?
Flammens̄, Walter, 210ᵈ. — Flamländer. — Walter Flandrensis:
132ᵇ. 139ᵃ(2) etc.; vgl. auch unter Anhang: Framen.
Folet, Willelmus, 4º. 5ᵇ. — afrz. folet.
Fontened, ecclesia S. Stefani de, 72ᵈ. — Fonteneio, S. Stephanus
de, IV 2. 8. — Funteneio, S. Stephanus de, IV 14. — Fontenay.

Fossard, Nigellus, 298ᵃ. 373ᵃ(4). ᵇ. ᵈ(2). 374ᵃ. — Fossart, Nigellus, Rotbert, 298ᵃ. 332ᵒ. — Grubengräber; vgl. fossator: II 117.
Fouuer, Ansger, 98ᵉ. — frz. foyer (vgl. Ansger coquus ibid. und Ansger focarius IV 73. 351. 441. 443).
Froissart, Willelmus, 213ᵇ. — Zerbrecher.
Froisseleuu, Froisselew, Willelmus, 162ᵒ. 167ᶜ(2). — Zermalme den Wolf (*frustia lupum).

G.

Gand, S. Petrus, abbatia, Gislebert de, 2ᵇ. 12ᵈ. 56ᵃ. ᵇ. 62ᵃ(2). 143ᵇ. 149ᵈ(2). 154ᵇ. 159ᵈ(2). 189ᵇ. 197ᵇ(2) u. ö. (Gandavum) Gent.
Gemegiensis, abbas, IV 106. — Für Gemmeticensis (37ᵈ. 43ᵒ).
Gern', Robert, II 279. — Gernon, Robert, 126. 130ᵇ(3). 132ᵇ. 137ᵈ. 143ᵇ. 149ᶜ(2). 179ᵇ. 185ᵇ(2). 189ᵇ. 196ᵈ(2). 197ᵃ(3); II 2ᵇ(2). 10ᵇ. 16ᵇ; IV 484. — Greno, Robert, II 1. 15. 63ᵇ. 64. 72ᵇ(2). 90ᵇ. 419ᵇ; IV 407. — Grenon, Robert, 137ᵈ; II 109. Grino, Robert, II 5ᵇ. 7. — Grinon, Robert, II 17ᵇ. — Schnurrbart (Diez, E. W. I s. v. Greña).
Gifard, Berenger, Osbern, Walter, 50ᵃ. 52ᵃ. 56ᵃ(2). ᵇ(2). ᶜ. 57ᵃ. 59ᵃ. 60ᵇ(2). 62ᵃ(2). 64ᶜ(3). 71ᶜ(2). 72ᵈ(2). 75ᵃ. 82ᶜ(2) u. ö. — Gifart, Galter, Osberu, Walter, 66ᵉ. 72ᵈ(2). 75ᵃ. 82ᶜ(2). 86ᵃ. 98ᵃ(2); II 114ᵇ. 115. 258ᵇ. 260. 276ᵇ. 430. — Giffard, Beringer, Osbert, Walter, II 240ᵇ; IV 21. 69. — Giffart, Osbert, Walter, II 109. 112ᵈ; IV 6. 7. — Der Confiscierer; „frz. giffer ein Haus mit Gyps zeichnen, d. h. es confiscieren". Diez, F. W. II ᵃ s. v. Aggueffare. — Walter Giffard häufig im Rou erwähnt, z. B. II 7622 f., 8941 f.; vgl. über ihn auch Freeman, Hist. III 129. 499.
Giron, Turstin de, 144ᵈ. — Girunde, Turstin de, 10ᵒ. — Gironde.
Glanuile, Walter de, 82ᵒ. — Glam uilla, Robert de, II 400ᵇ. — Glanuill, Robert de, II 304. 304ᵇ. 309. 317ᵇ(2). 329(2). — Glanuilla, Robert de, II 308ᵇ. 319(2). — Glauill', Robert de, II 219ᵇ. — Glauilla, Robert de, II 327. — Glanville (Calvados).
Grai, Anchitil de, 161ᵇ. — Gray (Haute-Saône) oder Graye (Calvados).
Grastan, S. Maria de, IV 255. — Greistaiin, ecclesia de, 43ᶜ. — Greistan, ecclesia de, 43ᵒ. — Greisten, monachi de, 146ᵇ. — Grestain, abbas de, 20ᵈ. 37ᵈ. 68ᵈ. — Grestein, abbas de, 21ᵒ. — Gresten, S. Maria de, II 291ᵇ. — Abtei Grestain an der Seinemündung (Ellis, Intr. I 429), Graustein; vgl. Joret p. 71 f.
Grantcurt, Walter de, 196ᵇ. — Grandcourt (Seine-Inf.).
Grentemaisnil, Hugo de, 52ᵃ. 132ᵇ. 138ᶜ. 142ᵈ. 162ᵒ. 169ᵇ. 217ᵈ(2). 218ᵃ. 219ᵇ. 224ᶜ(2). 230ᵃ. ᵇ. 232ᵃ(2) u. ö. — Greute maisnil 360ᶜ. — Grente mesnil II 432. — Grentmaisnil, Hugo de, 134ᵈ. 142ᵈ. 215ᵇ. — Grandmesnil, Arr. Lisieux; vgl. Joret p. 63 Note 2.
Gros, Willelmus, 215ᵃ. — Grossus II 276ᵇ, der Dicke.

Gulaffra, Willelmus, II 305. — Gulafra, Willelmus, II 305. 305ᵇ.
306. 310(2). 316ᵇ. — Schlinghals; vgl. Roquefort Gl., Littré
s. v. Gouliafre, und Diez, E. W. II° s. v. Goliart.
Gurnai, Hugo, Nigellus de, II 1. 89ᵇ; IV 133. — Gurnaio,
Nigellus de, IV 134. 136(2). — Gornaio, Nigellus de, IV 69.
— Gournay-en-Bray (Seine-Inf.); vgl. Rou II 4838; 8479 Anm.

H.

Haluile, Radulfus de, 74ᶜ. — Halsuilla, Radulfus de, IV 11(2).
18(2). — Hauville (Eure).
Hasdeng, Arnulf, Ernulf de, IV 14. 15. 16. 18. — Hasding,
Ernulf de, IV 8. — Hersdinc, Ernulf de, IV 10. — Hesdinc,
Arnulf, Ernulf de, 43ᵇ. 205ᵈ; IV 2. 3. 6. 15. 18. 417. — Hes-
ding, Ernulf de, 6ᵇ. °. 9ᵃ(2). 37ᵈ. 46ᶜ(2). 49ᵈ. 56ᵃ. 62ᵈ. 64ᶜ(2) u. ö.
— Hesdin-l'Abbé (Pas-de-Calais).
Hosdena, Hugo de, II 341ᵇ. — Hosdenc, Hugo de, II 88. 187.
337. 448ᵇ. — Hosdenc II 330ᵇ. — Hodenc (Oise).
Hosed, Willelmus, Walter, 64ᶜ. 99ᵇ; IV 419. — W. Hosatus:
IV 41. 68. 105; Der Behoste, Gamaschen tragende; vgl. Joret
p. 91 Note 3.
Hotot, Hugo de, 293ᶜ. — Hotot-en-Auge (Calvados); vgl. Joret
p. 87.

I.

Ispania, Alured, Aluered de, 64ᶜ. ᵈ. 73ᵃ; IV 1. 7. 13. 72. 462.
Ispania, Heruous de, II 35ᵇ(3). — Ispaniensis, Heruous de,
73ᵃ. — Hispania; Hispaniensis: 73ᵃ.
Jueri, Hugo, Roger de, 62ᶜ. 143ᵇ. 151ᵈ(2). 157ᵈ. 158ᶜ. 160ᵇ.
168ᵃ. 242ᵇ. — Jurei, Roger de, 58ᵇ. 62ᶜ. 162ᵃ. ᵈ. 164ᶜ. 168ᵃ.
203ᵇ u. ö. — Juri, Roger, Hugo, Acard de, 56ᵃ. 143ᵃ. 144ᵈ.
154ᵇ(3). 155ᶜ. 156ᵈ. 157ᵈ. 158ᶜ. 160ᵇ. 161ⁿ. 162ᶜ. 205ᵈ u. ö.
Yuri, Roger de, 205ᵈ. — (Jvriacum); Jvry-la-Bataille (Eure); vgl.
Ellis, Introd. I 441.

L.

Lacei, Ilbert de, 145ᵃ. — Laci, Ilbert, Roger, Walter de,
56ᵃ. °(4). 59ᵈ. 62ᶜ(2). 70ᵈ. 72ᵈ. 83ᵈ. 154ᶜ. 155ᵈ. 164ᶜ. 182ᶜ. ᵈ.
337ᵇ. 353ᶜ(2) u. ö. — Lassy, Arr. Vire. — Vgl. Rou II 8551 Anm.
Langetot, Radulf de, 211ᶜ(3). — Langhetot, Radulf de, II 430.
— (vgl. Ellis, Intr. II 346); Lanquetot (Seine-Inf.)? Oder engl.
Langtoft?
S. Leger, Robertus, 18ᵇ. — Es giebt viele nach dem heiligen
Leodegar benannte Örter in Nord-Frankreich.
Limesi, Radulf de, 39ᵃ. 80ᵈ. 86ᵃ. 91ᵇ. 97ᵃ(2). 100ᵃ. 113ᶜ(2).
116ᵈ(3). 117ᵃ(4) u. ö. — Limeseio, Radulf de, II 2ᵇ. 90ᵇ;
IV 429. 488. — Limeseo, Radulf de, IV 430. — Limesio,
Radulf de, II 109. 245. — Limiseio, Radulf de, IV 60. 69.
422(3) etc. — Lumesio, Radulf de, IV 175. — Limésy (Seine-Inf.).

2

Lire, abb. de, monachi de, 38ᵈ. 180ᵈ(2). — Lira: 52ᵃ; Abtei in
der Dioc. Evreux (Ellis, Intr. I 447).
Lisiacensis, episcopus, 75ᵃ. 77ᶜ(2). 144ᵇ. 145ᵃ. — Lisoiensis,
episcopus, 30ᵇ. 31ᶜ. 32ᵇ. — Lisoicensis, episcopus, 31ᵈ. —
für Lexoviensis.
Lisois 197ᵈ (: de Mosteriis); II 49ᵇ. — Lisieux (Calvados).
Locels, Willelmus de, 213ʰ. — Lochieu? (Ain).
Loges, Bigot de, uxor Geri de, 170ᵇ(2); II 299. 299ᵇ. — Les
Loges, Arr. Vire; vgl. Rou II 8571 f. und Anm. zu II 8573.
Louel 16ᵈ. 17ᵃ. — Lvuellus II 251. 251ᵇ. — Louet 140ᵃ. 232ᵈ.
— Louet, Willelmus, 56ᵇ. 61ᵇ(2). 209ᵃ. 216ᵇ(2). 226ᵇ. —
Loueth, Willelmus, 56ᵃ. 219ᵇ. 230ᵇ. 235ᶜ(2). — Luueth,
Willelmus, 226ᵇ. — Leuet, Wluuard, 212ᵇ. — Luuet 249ᵈ. —
Deminutiva zu lou, leu (lupus).
Lungus ensis, Roger, II 198(3) für Longus ensis.
Luri, Hugo, Roger de, 75ᵃ. 83ᵇ. 224ᵈ. — Lury? (Cher).

M.

Magne 207ᵃ. — frz. magne.
Magneuile, Magneuille, Manneuile, Manneuille, Manne-
uilla (Goisfrid, Hugo de) 13ᶜ. 30ᵃ. 36ᵇ(3). 56ᵃ. 57ᵇ. 129ᶜ. ᵈ.
132ᵃ. 149ᶜ. 197ᵃ. 238ᵃ u. ö. — „Magneville, ancienne baronie
située près de Valognes" Beneeit, Chron. Gloss.
Maldoit, Willelmus, 47ᶜ. — Madoith, Gunfrid, 73ᵃ. — Malduit,
Gunfrid, 73ᵃ. — Malduith, Gunfrid, 64ᶜ; Willelmus, 37ᵈ. 47ᶜ.
— Der Ungeschickte; vgl. Gunfr. Maledoctus IV 1. 7. 13.
Malet, Durand, Robert, Willelmus, häufig, z. B. 30ᵃ. 36ᵇ(2). 212ᶜ.
236ᵃ(2). 373ᵃ(6). ᵇ(9). ᶜ(4). ᵈ. 374ᵃ(8). ᵇ. 375ᵈ; II 153ᵇ. 155 u. ö.
— Maleth, Durand, 230ᵇ. — Dem. von mal. (vgl. Rou II 8363.
8375).
Maltrauers, Hugo, IV 410. — Schlechter Durchgang (Hugo
malus transitus IV 70).
Mantel, Turstin, 143ᵇ. 151ᶜ(2). — afrz. mantel.
Mara, Hugo de, Willelmus de, 71ᵈ. 266ᶜ. — 62 Örter la Mare,
19 Mares, 7 Marettes allein im Dep. Eure (Joret p. 77 Note 3);
vgl. Rou II 8446. Über Etymologie vgl. Diez, E. W. I s. v. Mare,
und Joret p. 75.
Marcei, Radulf de, II 2ᵇ. — Marci, Radulf de, II 26ᵇ. 28. 32ᵇ.
— Marcy.
Marescal, Goisfrid, Gosfrid, Robert, 37ᵈ. 49ᵃ. ᵇ(2). 64ᶜ. 73ᵇ;
IV 11. 15. 18 u. ö. — Mariscal, Goisfrid, Robert, 64ᵃ; IV 6.
— afrz. marescal.
Martel II 60. 62; Martellus 137ᵈ; II 61. 61ᵇ u. ö. — Martel,
Goisfrid II 57ᵇ. — Schon in d. Casseler Gl. „martel hamar".
Mascerel II 39ᵇ. — Mascherellus II 102. — Possenreißer
(der eine Maske trug); vgl. Diez, E. W. I s. v. Maschera.
Mellend, comes de, 224ᵃ. ᵇ(2). 230ᵇ. 238ᵃ u. ö. — Mellent,

comes de, 219ᵇ. 230ᵇ. 238ᵃ u. ö. — (Mellentum); Meulan (Seine-et-Oise).

M e r i, Ricard de, IV 351. — Méry.

M o i o n, Willelmus de, 81ᵇ. 82ᵃ. 86ᵃ. 87ᵇ. 94ᵇ. 95ᵉ. 100ᵃ u. ö. — M o i o n e, Willelmus de, 82ᵃ. 83ᵉ; IV 21. 22. 23. 41(2) u. ö. — M o i u n, Willelmus de, 64ᵉ. 72ᵃ(2). 75ᵃ. 95ᵉ. — M o i n e, W. de, IV 41. — M o u i n, W. de, IV 474 (Moiun!). — Kämpft bei Hastings; Rou II 8511. — Moyon (Manche).

M o l e b e c, Hugo de, 56ᵇ.ᶜ. — Mobec (Manche).

M o l e s, Roger de, 106ᵃ. — Moles? (Haute Garonne).

M o n c e l s, Willelmus de, IV 127. 132. — M o n c e l l i s, Willelmus de, IV 128. 141 (2). — d e m u n t c e l l i s, Willelmus, IV 135 (2). — d e m u n c e l l i s, Willelmus, IV 486. — Monceaux b. Bayeux; vgl. Rou II 8548 Anm.

M o n n e u i l e, Nigellus de, 298ᵃ. — Monneville (Oise).

M o n t a g u d, Ansger, Drogo, duo portarii de, 92ᵇ. 99ᵇ(2). 116ᵇ(2). — M o n t a g u t IV 261. — M o n t i c u t, Willelmus de, IV 73. — Mons acutus: IV 71. 74. 253. — Montaigu-les-Bois (Manche) oder Montégut. Auch in England war schon ein festes Schlofs Montagud erbaut, vgl. Domesd. IV 261 und Freeman, Hist. IV 170. 272.

M o n t e b u r g, S. Maria de, 73ᵇ. 86ᵃ. 91ᵇ(2). — M o n t e b o r, abbas de, IV 490. — Montebourg (Manche).

M o n f o r t, Hugo de, II 6ᵇ. 7ᵇ. — M o n t f o r d, Hugo de, 2ᵇ. — M o n t f o r t, Hugo de, 1ᵃ. 4ᵉ. 9ᵇ.ᵈ. 10ᵉ(2).ᵈ. 11ᵃ(3).ᵇ.ᶜ.ᵈ(2). 13ᵃ(3). 13ᵈ. 14ᵇ; II 1. 97ᵇ. 100. 212ᵇ. 282ᵇ. 406. — M u n t e f o r t i, Hugo de, II 237. — Hugo kämpft bei Hastings; Rou II 8503. — Montfort (Eure).

M o n t g o m e r i, Hugo de, 246ᵃ. — M o n t g o m e r i, castellum de, 253ᶜ. — M o n t g u m e r i, Hugo de, 248ᶜ(2). — Die Ruinen des Schlosses Montgomery im Arr. Lisieux (Rou II 4415 Anm.).

M o r e, W. de, II 373. — St. Moré (Yonne), oder Sainte-Maure (Indre-et-Loire).

M o r e l II 192ᵇ. — M o r i n u s 108ᶜ(3). 117ᵈ. 162ᵃ. 165ᵃ. 193ᵇ(2).ᵈ. — Zu afr. mor schwarzbraun.

M o r t e m e r, Radulf de, häufig, z. B. 37ᵈ(2). 41ᵃ.ᵉ. 45ᵈ. 46ᵈ(2). 51ᵇ. 52ᵃ(2). 56ᵃ. 62ᶜ(2). 64ᵉ(2). 72ᵇ(2) 86ᵃ u. ö. — R. de mortuo mari 325ᵇ; IV 416(2). — Mortemer-sur-Eaulne (Seine-Inf.). Mitkämpfer bei Hastings; Rou II 8461 Anm.

M o s t e r s, Robert de, 282ᵉ. — M o s t e r i i s, Lisois de, 197ᵈ. — Les Moutiers-Hubert (Calvados); vgl. Rou II 8524 Anm.

M u c e d e n t, Walter de, 130ᵃ(2). — Versteck den Zahn; wohl ironisch von Jemand, der einen auffallend grofsen Zahn hatte, den die Lippen nicht genügend bedeckten.

M u s a r d, Hasculf, Hascoit, Haiscoit, Ascoit, Hascuith, 152ᵉ(2). 154ᵇ. 159ᵉ. 162ᵉ. 169ᶜ(5). 238ᵃ. 244ᵃ. 272ᵃ. 277ᵈ(4). — M u s a r d u s, Hugo, 236ᵈ. 336ᵈ. — M u s a r t, Hascoius, Hascoitus, 143ᵃ.ᵇ. — Maulaff.

2*

N.

Noers, Willelmus de, II 194^b. 195^b. 196^b. 198. 288. 380^b. — Noiers, Willelmus de, II 116^b. 135^b. 136. 138. 186. 192^b. 195^b. 198^b. 199. 199^b. 200. 215^b. — Noies, W. de, II 117^b. — denuers, Willelmus, II 194. 198^b(2). — Noyers. Norman, Normannus, Normanus, häufig, z. B. 1^a. 8^d. 13^d(3). 14^b(2). 18^b(2). ^{d}. 19^c. 21^b. 26^b. 28^a. ^{c}. 36^c. 45^a. ^{d} etc. — Vgl. Rou I 62 f.: Justez ensemble north e man, E ensemble dites Northman: Ço est huem de north en romanz, De ço vint li nuns as Normanz. Norun, Rad. de, II 278. — Zwei Noron im Dep. Calvados. Nouilla, Ricard de, IV 274. — Neuville.

O.

Oilgi, Radulf, Robert, Wido de, 35^b. 62^b. 137^d(2). 143^b. 149^b. 154^b(2). ^{d}. 155^a. 156^a. ^{b}. ^{d}. 158^a(2). 160^a(2). 162^c. 168^c etc. — Oilleio, Rotbert de, IV 20. 21. 25(2). — Olgi, Robert, Roger, Wido de, 56^c. 62^b. 132^b. 137^d. 143^a. 144^d. 149^b. 163^c. 168^c(2). 215^b u. ö. — Nach Freeman IV 731: Ouilly-le-Vicomte b. Lisieux; nach Andresen (Rou II 8553 Anm.): Ouilly-le-Basset b. Falaise.
Oliuer 115^c(3). ^{d}; IV 62. 380(2). 381(2). — Olivier.
Orbec, Roger de, II 447^b. — ?Orhec, Roger de, II 393^b. — Orbec (Calvados).
Orenge, W. de, 150^d. — Orange (Vaucluse).
Orleteile, Goisfrid, 162^c. 168^c(2). — Orlateile, Goisfrid, 30^a. — Orlatele, Goisfrid, 36^b. — Säume die Leinwand (vgl. Diez, E. W I s. v. Orlo).
Ou, Comes de, Willelmus de 75^a; II 1. 63; IV 25. 68. 71 etc. — Ow, Comes de, Willelmus de, häufig, z. B. 4^a. ^{b}. 7^d. 10^d. 16^a. 17^d. 18^a(3). ^{b}. ^{d}. 19^b. 30^c. 37^d(2). 47^b(2). 48^d etc. — Ouu, Aelmar de, 213^c; Hou, Willelmus de, IV 422; dou, W., IV 8. — Eo, Comes de, 80^d. — (lat. Auca; Sachs, Wörterb.: Alga) Eu (Seine-Inf.).

P.

Pagen, 23^a. 25^c. 50^d. 51^c(2). ^{d}. 70^d(2). 75^d. 98^a. 159^a etc. — Für Paganus (24^a(2). 62^a(2). 133^d(2). 199^a(5)).
Paganellus, Radulf, IV 61(2). 63. 65(2) etc. — ?Paganelnus, Radulf, IV 63. — Pagenel 336^a. ^{b}. — Pagenel, Radulf, 86^a. 96^d(2). 100^a. 113^d(2). 162^c. 168^b(2). 219^b. 225^c(2). 298^b. ^{d}. 325^d(2). 336^a. ^{b} u. ö. — Dem. von Pagen.
Paisforere, Osbern, 9^d. — Paisfor', Osbern, 10^d. — Pastforeire, Osbern, 6^b. — pasce forariam, pastus forariae; Ducange, Gl. s. v. foraria, 2: agri pascendis animalibus destinati.
Pallinus 242^a. — Zu afrz. palle.
Parcher, Anschitil, 98^d. — parcarius, Waldhüter.
Parler, Robert, 175^a. — afrz. parlier.

Peiz, Guerno de, II 363ᵇ. — Poix? (Somme).
Percehaie, Radulf, 56º. — Durchbrich den Zaun.
Perci, Willelmus de, häufig, z. B. 37ᵈ. 46ᶜ. 291º. 298ᵃ. 321ᶜ(2).
322ᵇ(2). ᵒ u. ö. — Percy (Manche). — Vgl. Freeman, Hist. IV
297; Ellis, Introd. I 465.
Peret, forestarius, 51ᵈ. — Pere't, Willelmus, II 396ᵇ. — Peterchen.
Peteuinus, Roger, II 117. — Roger Pictavensis: 270ᵃ. 272ᵃ;
II 181ᵇ.
Petit, Aluric, 50ᵈ. — Aluricus parvus: 51ᶜ. 73ᵈ etc.
Peurel 53ᵃ(2). ᵇ. 56ᵃ. ᵇ. 61ᵃ(2). 128ᵇ; II 397ᵇ. — Peurel, Ran-
nulf, Willelmus, 9ᵃ. 40ᵈ. 154ᵃ. ᵇ(2). 157ᵈ(2). 159ᵃ. 209ᵃ. 212ᵃ(3).
219ᵃ. ᵇ. ᶜ. 220ᵇ. 225ᵈ(2). 229ᵇ. 230ᵇ u. ö. — Peuerellus,
Rannulf, II 254. 416. — Ranulfus, Wilhelmus Piperellus sehr
häufig in Vol. II.
Pic, Aluuin, 90ᵃ; IV 150. — Hacke.
Piccotus IV 20. — Picot, Picotus, 25ᵃ. 35ᵃ(3). ᵇ(3). 44ᵈ(2).
50ᵃ. 187ᵃ. 189ᵃ(2). ᵇ. 190ᵃ(4). ᶜ. 191ᵇ. 194ᵈ. 195ᵇ. 197ᵃᵣ(4).
199ᵈ(2). 200ᵇ etc. — Dem. von Pic.
Pin 164ᶜ. — frz. pin.
Pinel, Radulf, II 1. 97. 424. 437. 445ᵇ. — Pinellus, Radulf,
II 424. — Dem. zu pin.
Pipe 90ᵃ; IV 148. — frz. pipe.
Poeleio, Willelmus de, IV 64. — Poileio, Willelmus de, IV 59.
60. 61. 64. 389. — Poilgi, Willelmus de, 100ᵃ. — Poillei,
Willelmus de, IV 387. — Poilleio, Willelmus de, IV 387(3).
— Poillgi, Willelmus de, 111ᵇ(2). — Poilly.
Poinc, Godric, II 37ᵇ. — Faust.
Pointel, Tedric, II 1. 2. 3. 4. 4ᵇ. 6. 6ᵇ. 23. 23ᵇ. 70. 99. 99ᵇ(2).
— Pointellus, Tedric, II 69. — Puintel, II 99. — Pünkt-
lein; Roquefort, Gl. s. v. Point: poulet.
Pomaria, Radulf de, IV 60. 61(3). 62(4) etc. — Pomerei,
Radulf de, 86ᵃ. 96ᵈ(2). 100ᵃ. ᵇ. 113ᵈ(2). — Pomeria, Radulf
de, IV 77. 273. 283 etc. — La Pommeraye? (Calvados).
Pont Audemer, Herbrand de, 37ᵈ. 49ᵃ(2). 53ᵈ. 175ᵃ. — Pont-
Audemer (Eure). — Pons Aldemäri giebt Joret p. 75 Note 5 als
Etymon an, doch ohne Beleg. So lange ein solcher ennangelt,
hindert nichts, den Namen als Audomarsbrück aufzufassen
(Förstem. ahd. Namenwörterbuch 907).
Pontcardon, Robert de, 100ᵇ. 138ᵃ. — R. de ponte cardonis:
IV 76. 276. 277; Distelbrück.
Ponther, Pontherius, Walter, 166ᵈ. 168ᵈ(2). 172ᵈ. 173º.
174º. ᵈ. 175ᵃ(2). — Zu lat. Pontarius (oder Punctarius?).
Port, Hubert, Hugo de, 2ᶜ. 6ᵃ. 7ᵇ. ᵈ. 9ᵇ. 32ᵃ. 38ᵈ. 39ᵃ. 40ᵃ.
41ᵃ. 42ᵃ(2). ᵇ(2). 43ᵃ. ᵇ. ᶜ. 44ᵈ. 45ᵃ. 46º. ᵈ. — Porth, Hubert,
Hugo de, 6ᵃ. 10ᵃ. ᵇ. 37ᵈ(3). 44ᵈ. 46º. 50ᵈ. 56ᵃ. 75ᵃ. 83ᵇ(2).
199ᵇ(2). 219ᵇ. — Portus: II 142. 377. 450. — Port-en-Bessin
bei Bayeux (Rou II 8504 Anm.).
Poingiant, Ricard, 68ᵃ. — Pugnant, Ricard, 52ᵃ; IV 17. —

Puignant, Ricard, IV 1. 5. — Puinant, Ricard, IV 7. 13. — Puingiand, Ricard, 37ᵈ. 56ᵃ. 154ᵇ. — Puingiant, Ricard, 48ᵃ. 56ᵈ. 62ᵇ. 64ᵃ. 73ᵇ. 159ᵃ(2). — Puinnant, Ricard, IV 10. — Pungiant, Ricard, 48ᵃ. 62ᵇ. 73ᵇ. 209ᵃ. 216ᵇ. — Puniant, Ricard, 216ᵇ. — Punat', Richard, II 138. — Pugnat', Richard, II 139ᵇ. — Punnat', Richard, II 186. — afrz. poignant.
Pur, Edric, 196ᵇ. — Purus.

R.

Rainbuedcurt, Wido de, 199ᵈ(2). — Rainbudcurt, Wido de, 219ᵃ. — Ranbudcurt, Wido de, 363ᵈ. — Reinbecurt, Wido de, 189ᵇ. — Reinbodcurth, Wido de, 154ᵇ. 159ᵈ. 230ᵇ. — Reinbuedcurt, Wido de, 226ᵈ. 363ᵈ. — Reinbuedcurth, Wido de, 159ᵈ. — Reinbudcurt, Wido de, 235ⁿ. 363ᵈ. — Renbodcurth, Wido de, 219ᵇ. — Renbudcurt, Wido de, 235ᵃ. 336ᵈ. 337ᵇ. 377ᶜ. — Renbutcurt, Wido de, 191ᵉ. — Reinbotshof. — Raimbeaucourt (Nord).
Reduers, Ricard de, 83ᵇ. — Reucris, Ricard de, IV 21. — (lat. Radeverum) — Reviers (Calvados) vgl. Rou II 9423 f.
Ribald, Ribaldus, 311ᵇ(2). ᶜ(2). ᵈ(2). 312ᵇ(2). 313ᵃ(2); II 144ᵇ(2). 145ᵇ. 146ᵇ. 148. 149(2). 150 u. ö. — afrz. ribaud.
Riueire, Gozelinus, 73ᵇ(2). — Riuera, Walter de, IV 2. 7. 14. — Riuere, Gozelinus, Walterius de, 58ᵈ. 64ᶜ. — Riueria, Godselinus, Goscelinus de, IV 1. 13. — deriuaria, Goselinus, IV 83. — lariuera, Goscelinus de, IV 7. — Rivière.
Roches, Johannes de, 210ᵈ. — Les Roches (Seine-Inf.).
Rome, Robert de, 2ᵇ. — wohl für: Romenel, Robert de, 1ᵃ. 2ᵇ(2). 4ᶜ(2). 10ᵈ(2). 145ᵃ. — Romeñ, Robert de, 5ᵇ. — Roménil? (Seine-Inf.).

S.

Saintes, episcopus de, 50ᵈ. — (lat. Santones). — Saintes (Charente-Inf.).
Sais, ecclesia S. Martini de, S. Marunus de, 24ᵇ. 25ⁿ. ᵃ. — (lat. Sagium). — Séez (Orne).
Salceid, Osbern de, 100ᵃ. 116ᵈ(2). — Salecio, Osbern de, Osbert de, IV 61. 63. 423(2). 463. — Salceit, Osbert, Radulf de, 181ᵇ; IV 425. — Salcet, Osbern de, IV 427. — Salciet, Osbern de, IV 421. 458. — Salicto, Osbern de, IV 65. — Saussay? (afrz. saux). — Salicetum war der Name einer ganzen Anzahl frz. Örter; vgl. Quichérat, Noms de lieu, p. 43 f.
Salmur, S. Florentius de, 180ᵈ. — Saumur (Maine-et-Loire).
Saluage, Edric, 183ᶜ. 253ᶜ. ᵈ(2). 256ᵃ. ᵈ. 258ᵈ. — Saluagius, Walter, IV 366. — frz. sauvage.
S. Sansone, Radulf de, 1ᵒ. — St. Samson (Mayenne), (vgl. Rou II 4315 Anm.).
Sauenie, Radulf de, II 373ᵇ. — Sauigneio, Radulf de, II 417. — Sauigi, Radulf de, II 375ᵇ(2). 376ᵇ. 377(2). 378. 384ᵇ. 417.

417ᵇ etc. — Sauigno, Radulf de, II 373ᵇ(2). — Sauiniaco, Radulf de, II 374. — Abtei Savigny, Dioc. Avranches.
Senarpont, Ansger de, IV 466(2). — A. de ponte senardi IV 60, senardi ponte IV 467. Senarpont (Somme).
Sencler, Richard de, II 354ᵇ. — Sent Cler, Ricard de, II 117ᵇ. — Hubert de Sancto Claro: IV 246. Saint-Clair (Seine-et-Oise); vgl. Rou II 8643 Anm.
Sept mueles, Willelmus de, 18ᵇ. — Septmuels, Willelmus de, 19ᵈ. — Sept-Meules (Seine-Inf.).
Stable 98ᵒ. — Stabilis, der Beständige.
Sumeri, Roger de, II 33ᵇ. — Sommery (Seine-Inf.).
Surdeual, Ricard de, 298ᵃ. 373ᵃ. ᵈ. — Superdivalis. — Surðv9, Ricard, 305ᵇ. — Superdivus; vgl. oben Dive.

T.

Tailgebos, Radulf, 142ᵈ. — Tailgebosc, Juo, Radulf, 138ᵉ. 142ᵈ. 151ᵉ. 202ᵉ; II 244ᵇ. — Tailebosc, Juo, II 290ᵇ. — Tailgebosch, Radulf, Willelmus, uxor, 132ᵇ. ᵈ. 142ᵈ. 143ᵇ. 370ᵇ. — Taillebosc, Juo, Radulf, Willelmus, 209ᵘ(2). 210ᵇ. 337ᵇ(2). 350ᵃ. 370ᵇ; II 418ᵇ. — Taillgebosc, Juo, Radulf, 216ᵉ. — Talgebosc, Radulf, 133ᵃ. 218ᵉ. — Talgebosch, Radulf, 148ᵉ. — Talibosc, Radulf, II 114ᵇ. — Tallebosc, Radulf, Juo, 209ᵇ. ᵉ. 211ᵃ. ᵈ(2). 213ᵃ. 375ᵉ(2). ᵈ. 376ᵃ(2); II 109. — Tallgebosc, Radulf, 202ᵉ. 211ᵃ. 213ᵃ. ᵈ. 214ᵃ. ᵇ. 218ᵃ. ᵉ(2). — Talliebosc, Radulf, Juo, 209ᵇ(2). ᵉ. — Spalteholz.
Taissel, Winund de, 213ᵉ. — Taisnil? (Somme).
Tham, Robert de, 145ᵃ. — Tahum, Willelmus, 8ᵉ. — Thaon (Calvados).
Tinel, Turstin, 11ᵇ. — Stange, Prügel; Diez, E. W. IIᵒ s. v. tinel.
Tirelde¹, Walter, II 41. — Tirellus, Walter, IV 143(2). 477. — Tirel ist Koseform von Theoderich nach Larchey: Dictionnaire des noms, Paris 1880.
Tison, Gislebert, 280ᵈ. 291ᵃ(2). 298ᵈ. 326ᵉ. ᵈ. 327ᵃ. 337ᵇ. 354ᵇ(2). 373ᵃ. ᵇ. ᵉ. 379ᵃ. ᵇ. 380. 381 u. ö. — Feuerbrand.
Tiselinus II 96. — Subdem. von titio?
Todeni, Berengar, Radulf, Robert de, 52ᵃ. 56ᵃ. 62ᵈ(2). 132ᵇ(2). 138ᵃ(4). 149ᵇ(2). 154ᵃ. ᵇ. 280ᵈ u. ö. — Todeneio, Radulf, Robert de, II 1 (2). 90ᵇ. 91. 277. — Todenio, Robert de, II 429. — Todeny, Robert de, 377ᵃ. — Toeni, Radulf de, II 136ᵇ. 235ᵇ. — Toenio, Radulf de, II 109. 235. 245. — Tosny (Eure).
Trailei, Gaufrid de, IV 126. — Trailgi, 26ᵈ. — Traillgi, Goisfrid de, 210ᵃ. — Tralgi, Goisfrid de, 210ᵃ. — Trelly? (Manche). ⁎
Trauers 52ᵈ. — Durchgang (vgl. oben Maltrauers), (oder Querkopf?).
Trencart, Radulf, IV 358. — Trenchard, Radulf, IV 485. — Zu afrz. trenchier.

---

¹ Für Tirel de; den folgenden Ortsn. hat der Schreiber ausgelassen.

Troard, abbatia de, 25^d(2). — Troarz, ecclesia S. Martini, abbatia de, 44^d. 162^c. 166^c(2). — Troarn (Calvados).
Turlauilla, Radulf de, II 339. 340^b. 341. — Turuauilla, Radulf de, II 173^b. — Tourleville (Manche).

V.

Valbadon, Ansfrid de, Ranuulf de, 11^d. 12^d. 219^a. — lat. De ualle badonis: 133^a. — Vaubadon (Calvados).
Valoinges, Petrus de, 189^b. — Valong', Petrus de, 190^a. — Valonges, Petrus de, 133^a. 336^a. ^{b}. 337^b. 368^d. — Valongies, Petrus de, 132^a. ^{b}. ^{d}. 140^d(2). 201^d. 368^d. — Valonies, Petrus de, 201^d. — Valoniis, Petrus de, II 12^b. 447. — Valonis, Petrus de, II 420^b. — Valoniensis, Petrus, II 1. 78. 79. 109. 256. 278^b. 286^b. — Valognes (Manche).
Vals, Aitard de, Robert de, II 124^b. 125(2). 177(2). 177^b. 181(2) u. ö. — uuals, Robert de, II 183. — Wals, Robert de, II 190. 190^b. — ?Vais, Robert de, II 176^b. — de uallibus: II 335. 335^b. 336(3). — Vaux.
Valtort, Hugo de, IV 74. — lat. II. de ualle torta: IV 64. 95. 198. 235 etc. — Vautorte (Mayenne).
Veci, Robert de, 219^b. 225^b(2). 230^a. ^{b}. 234^n(2). 337^b u. ö. — Vassy (Calvados); vgl. Rou II 8554 Anm.
Venables, Gislebert de, 267^a. — Yenables (Eure).
Ver, Alberic, Bodin, Herueus de, 126. 130^d(2). 189^b. 190^a. 199^c(3).^{d}. 203^c. 204^d. 207^a(2). 208^a u. ö. — Ver; vgl. Joret p. 26 Note 1; p. 74.
Verduno, Bertrannus de, 143^b. 151^c(2). — Virodunum.
Verlei, Robert de, II 262. — Verli, Hugo, Robert, Willelmus de, 303^d; II 63. 64^b. 109. 262. 437. — Verly? (Aisne).
Vernou, Ricard de, Walter de, 143^b. 151^a(2). 265^a. ^{b}. — Vernu', Ricard de, Huard de, II 152. 353^b. — Vernun, Huard de, II 354. — Vernon (Eure).
Visdeleuu, Visde Leuu, Vis de Leuu, Vis de Lew, Hunfrid, 56^a. ^{b}. 63^a(2). — Visdelupo, Hunfrid, 50^c. — Viso lupi, Hunfrid, II 118. — Wolfsgesicht.
Vltresport, abbatia, monachi de, 18^b. 19^d. — Le Tréport (Seine-Inf.).

W.

Waleis 255^a(2). 258^a. 259^c. — Walliser.
Waleri, S., Walter de, 130^a(2). — Abtei S. Valery an der Somme-mündung (Ellis, Intr. I 503).
Waluilla, Willelmus de, IV 78. 467. — Waluile, Willelmus de, 100^c. 102^c. — Vauville.
Wand, Aluric, II 51^b. — Wants, Aluric, II 51^b. — Wanz, Aluric, II 287. — Panzerhandschuh (Casseler Gl.).
Wanceio, Hugo, Osbern de, II 394. 398^b. — Wanchy-Capval? (Seine-Inf.).

Warene, Warena, Willelmus de, 22^d. 26^a(4). 28^a(2). 29^a. 37^d.
47^b. 56^b. 154^b. 351^d. 373^d u. ö. — Warenna, Willelmus de,
16^a. 143^b. 298^d. 337^b. 373^d(2) u. ö. — Warenis, Willelmus de,
II 333^b. — War', Gar', Willelmus de, II 37. 38. 115. 164. 215^b
u. ö. — Garenda, Willelmus de, II 84. — lat. Varimna Varenne
(Rou II 8477 Anm.), vgl. 347^d: Warenna leporum (Kaninchen-
gehege).
Wateuile, Robert, Willelmus de, 26^c. ^{d}. 27^a(2). ^{b}. ^{c}. 30^a. 32^c. ^{d}.
35^a. ^{b} etc. — Wateuilla, Willelmus de, II 36^b. 106^b. 435. —
Vatteville. — Vgl. Joret p. 64 (an. vatn).
Widuile, Hugo de, 219^a. — Wituile, Hugo de, 230^a. — Vidou-
ville (Manche).
Wirce, Goisfrid de, 219^a. ^{b}. 227^c(2). 230^b. 235^c(2). 326^a u. ö. —
la Wirce, Goisfrid de, 326^a. — La Guerche?
Wiscand, Gislebert de, II 316^b. — Wiscant, Gislebert de, II 306^b.
— Wissand, Gislebert de, II 327. — Witsand, Gislebert de,
II 326^b. — ?Witsthant, Gislebert de, II 324. — Wissant (Pas-
de-Calais). — Weifser Sand, vgl. Joret p. 73 Note 2. Die Form
Wiscant auch in der Chron. des ducs de Normandie (ed. Michel
v. 34005).

Anhang.

Abernon, Roger de, 35^b. — ?Arbernum, Roger de, II 395^b.
Aldeleia, Aldeleio, Willelmus de, IV 8. 15.
Almereio, Willelmus de, IV 51. 398(3). 473. — Dalmereio,
Willelmus de, IV 21. 22. 73. — Dalmari, Willelmus de, 84^d. 85.
Alselin, Goisfrid, 219^a. 227^b(2). 230^b. 235^c(2). 272^a. 274^c. 275^c u. ö.
Ansleuile, Ansleuilla, Willelmus, Hunfrid de, 44^c. 132^a.
Arde, Ernulf de, 211^b(3). — lat. Arda: 196^a. 211^b. — (Ardes?
(Puy de Dôme)).
Attlet, Rodbert, IV 45.
Auenel 259^c (vgl. Godefroy, s. v. Aveneus).
Baignar', Baignard, Baignart, Bainard, Baingiard, Bai-
niard, Bangiard, Baniard (Radulf, Goisfrid, Gaosfrid, Wil-
lelmus), 16^b. 31^a. ^{d}. 128^b. 132^a. 138^b; II 8^b. 13^b. 14^b. 31. 95.
109^b. 206^b. 247^b. 248(3). 249(2). 253^b. 415(3). 415^b(2) u. ö.
— (Zu afrz. baign?).
Barbes, Robert de, 11^b.
Belencun, Bernard de, II 442^b.
Beuerde, Hugo de, II 408.
Blacun, Herbert, II 447. — (Für Blasun? vgl. Torgicus IV 305(2).
308(2). 311(3). 312 für das häufige Turgisus, Taufn., 9).
Blang', Radulf, II 181^b.
Boc uilla, Willelmus de, II 411(2). 412. 412^b. — (Bouville? vgl.
debuuilla oben).
Bohum, Hunfrid de, II 109. 262^b. — Bons (Calvados)? vgl. oben
Tham = Tahum.
Bordinu's II 206.

Burdel, Robert, 232ᵃ. — Burdet, Robert, Hugo, 232ᵈ. 234ᵃ.
236ᵇ. ᵈ. — (Zu borde Hütte? — Godefroy, Dict. s. v. Bourdeus:
donneur de bourdes (tourtes aux pommes); s. v. Burdel: bûcher;
vgl. auch prov. bort Bastard (Raynouard, Lexique Roman.)).
Braiosa, Willelmus, Rodbert de, IV 4. 9. 16. 25 (2) u. ö. —
Braiose, Willelmus de, 16ᵃ. ᵈ(2). 17ᵇ. 24ᵃ. ᶜ(2). ᵈ(3). 25ᵃ(2).
26ᵃ. ᵈ(4). 27ᵃ(3). ᵃ. 28ᵃ(3). ᵈ. 30ᵃ. 35ᵈ(2). 37ᵈ. 47ᵇ(2) u. ö. —
(Vgl. oben Braiboue, u. Godefroy s. v. Brai).
Brinot 352ᵃ. — (Dem. von brin?).
Brueria, Radulf de, IV 266. 271. 273. 290. — (Bruère, Bruyère?).
Brun, W. de, II 377.
Brurere, Roger de, 337ᵇ.
Buiuile, Hunfrid de, 179ᵇ. 187ᵃ(2).
Bursigni, Willelmus de, II 18ᵇ.
Busleio, Roger de, IV 61. 62. 426. — Busli, Roger de, 100ᵃ.
113ᵃ(2). 163ᵃ. 230ᵇ. 234ᶜ(2). 237ᵃ u. ö.
Canesei, Monte, Hubert de, II 325. — Canesio, Monte, Hubert
de, II 436. — Canesitu, Monte, Hubert de, II 319ᵇ.
Celsi, Willelmus de, 148ᵈ.
Chernet, Willelmus de, 44ᵈ. — Cʰ,ernet, Willelmus, IV 49. —
ʰchernæt, Willelmus, IV 50. — decreneto, Willelmus, IV 49.
Cliua, Gislebert de, IV 3. 9.
Corbucion, Willelmus filius, 56ᵃ. 61ᵇ. 172ᵃ. 177ᶜ(2). 238ᵃ(2).
243ᵃ(2). 250ᵇ. — ?Corbucnn, Willelmus filius, II 249ᵇ. —
Corbuz', Willelmus filius, 174ᵈ. — Corbuzon, Willelmus filius,
61ᵇ. — W. filius Corbutionis: II 1. 3. 85. 109. 140 (Falkenherz?)
vgl. oben Ermucion, und den Familicnn. Corbichon.
Cratel, Godric, 153ᵇ.
Cruel, Rotbert, Robert de, 18ᵇ(2).
Estramin, Osmund, IV 128. 129. 413. — Stramun, Osmund, 94ᵈ.
Eu', Radulf, II 115. — Uet, Radulf, II 128ᵇ. 129.
Fafiton, Robert, 126. 130ᵇ(3). 189ᵇ. 201ᵈ(2). 203ᵇ. 207ᵇ(2).
208ᵇ. 209ᵃ. 215ᵇ(2). — (Vgl. Jaubert, Glossaire du centre de
la France, s. v. Fafiot, Fafioton: Tatillon, rabâcheur).
-fer, Willelmus de, 210ᵃ.
Ferron 222ᵃ.
Forist, Willelmus, 53ᵃ.
Framen, Radulf, 236ᵈ. — (Der Flamänder? vgl. Rou II 4803;
über den event. Ausfall des ausl. c vgl. Taufn., 3 b).
Fresle, Ricard, 280ᵃ. — (Zu frisle gelockt; Diez, E. W. I s. v.
Fregio - - oder fraisle fragilis? vgl. unten Greslet).
Geral, Willelmus, IV 415. — (lat. gerulus? vgl. Casseler Gl.: gerala).
Gibard, Gislebert, IV 9. 16. — Gibart, Gislebert, IV 4. — (Zu
lat. gibbus? oder Gebhard?).
Glunier 298ᵇ. 301ᵇ(3). ᶜ. 311ᵇ. 315ᵇ(2). ᵈ(2). 320ᵃ. 332ᵃ.
Grapinel II 44. — (Zu grappin?).
Greslet, Albert, 270ᵃ. — (Zu afrz. gresle, Hagel, oder zu graisle
gracilis? vgl. oben Fresle).

Helion, Herucus, Tihellus, 100ª. 117ª(2); II 143ᵇ. — Herion, Tehellus, Tihellus de, II 24. 373ᵇ.

Hastent, Radulf, IV 74. — (Vgl. Rou I 460 Anm.).

Hurant, W., II 390ᵇ. — (Zu afrz. hure, Strubelkopf?).

Lorz, Robert de, 236ᵈ.

Lusoris, Fulco de, 278ᵇ. — Lusoriis, Fulco de, 373ᵈ.

Malbedeng, Willelmus, 257ᶜ. 265ᵇ. ᶜ. 268ᵇ. ᶜ. — Malbeenc, Willelmus, IV 21. — (ahd. Mahalpoto+ing, oder afrz. mal bestenc, betens? vgl. Godefroy s. v. bestens).

Maloret, Gaufrid, IV 42.

Maminot, Gislebert, Hugo, 7ª. 56ᵈ. 144ᵈ. 166ᵈ. 298ᵇ; IV 7 (2). 13. 20. — Maminoth, Hugo, 162ᶜ. — (Vgl. Roquefort Gl. s. v. Mamin (Maximinus)).

Mammot IV, 2.

Merlebec, Aluered de, IV 14. 15. 18.

Mucelgros, Roger de, 137ª. 179ᵇ. 185ᵇ. — Micelgros, Roger de, 185ᵇ.

Nouueres, Nouuers, Willelmus, Robert de, 145ª. ᵈ. 189ᵈ.

Oburuilla, Odbur uile, Odburuile, Odburuilla, Odbureuilla, Odburguille, Otboruilla, Otburguile, Otburuilla, Othoburuilla, ob urgi uilla, Otburgi uilla, 86ª. ᵇ. 95ª. 98ᶜ(2). 132ᵇ. 139ª. 190ᶜ; II 1. 52. 103ᵇ. 281ᵇ. 382ᵇ. 383. 383ᵇ. 403ᵇ. 404ᵇ. 448ᵇ; IV 67. 73 (2). 75. 82. 152. 329. 442. 443. 472.

Orenet, Willelmus, 50ᵈ.

Oualet 20ᶜ. — Zu ovum oder ovis?

Panceuold, Bernard, 52ª; IV 490. — Panceuolt, Bernard, 37ᵈ. 47ᵈ (2). 51ᶜ. 61ᶜ. 72ᵈ. — Panceuuoldus, Bernard, IV 358. — Panceuuolt, Bernard, IV 359. — (Wanstgesicht?).

Ponteio, Arnulf de, IV 61. — (Ponthieu?).

Raimis, Roger de, II 338. — Rames, Roger de, 126. 130ᶜ(2). — Ramis, Roger de, II 1. 6ᵇ. 14ᵇ. 82ᵇ. 87ᵇ. 109. 139ᵇ. 188ᵇ etc.

Ridel, Goisfrid, II 180. — (Zu frz. ride Runzel?).

Risboil, Galter de, II 306. 306ᵇ. — ?derisbou, Galter, II 327.

Roileio, Raulf de, IV 428. 429 (2). — (?Rouillé (Vienne)).

Runeuile, Goisfrid, 140ᵈ.

Sacheuilla, Ricard de, II 27. — Sachanuilla, Ricard de, 139ª.

Scalers, Harduin de, 132ª. 141ᶜ(6). 189ᵇ. 197ᵈ (2). — Escalers, Harduin de, 132ᵇ. 190ᶜ.

Scoca, Hugo Grando de, 56ᶜ.

Scoeia, Willelmus de, IV 24. 25. — Scohies, Willelmus de, 75ª. 82ᵇ(2). 179ᵇ. 180ᶜ. 185ᶜ(2); II 1. 88ᵇ u. ö. — Scoies, Willelmus de, II 353. 383. 383ᵇ. — Scois, Willelmus de, II 353ᵇ. — Soies, Willelmus de, II 109ᵇ. — Escois, Willelmus de, II 109.

Scrupe, Ricard, 176ᶜ. 185ᵇ. 186ᵈ. — (scrofa?).

Scudet, Willelmus, 65ᵇ. ᶜ. 74ᶜ. — Scuet, Willelmus, IV 11. 18. — Scutet, Willelmus, II 310. 339. — Escuet, W., IV 6. — Zu scutum écu?

Sentebor, Richard de, II 117.

Spec, Willelmus, 211ᵈ. 215ᵃ(4). ᵇ. — Spech, Willelmus, 209ᵃ.
214ᵈ(3). 215ᵃ(3). — Ducange s. v. Spec: inspecteur? vgl. Walter
Espec bei Gaimar).
Stoches, Willelmus, 148ᵇ. — (Zu afrz. estoc? — vgl. Roquefort
Gl. s. v. Stochet; doch Stoches auch engl. Ortsn. IV 393. 435).
Tilio, Radulf de, IV 164. — (? Tilly).
Waders, Radulf, 196ᵈ. — Waer, Radulf de, II 242.
Witen, Roger, IV 128. 132. — Witenc, Roger, IV 75. — Wytent,
Roger, IV 68.

Taufnamen.
1. -ald (ahd. -walt, -olt), (vgl. Diez, Gr.⁴ I 327).

Arnaldus 25ᵈ. — Ermenald 103ᵉ; IV 167(3). 168(2) etc.,
Ermenhald 121ᵇ(2). ᶜ(3). — Ernaldus 23ᵃ. 25ᵇ. 111ᵈ. 217ᵈ etc.
— Ertald 336ᵇ (ahd. Hartwalt, Ardold). — Gerald 184ᵃ(2).
185ᵈ, Girald 18ᵃ; II 5. 66. 68ᵇ. 139, Giralt II 352. — Hai-
raudus 28ᵃ, Harald IV 86. 87. 95.·470 etc., Herald 14ᵃ. 16ᵈ.
17ᵇ. 18ᵉ. ᵈ. 19ⁿ(2). ᵇ(2) (Herold 16ᵈ. 39ᵉ. 61ᵉ etc.). — Hunald
II 96. — Renald II 62ᵇ. 233 (Renold II 196), Ragenal 264ᵃ.
319ᵇ, Ragenald 286ᵈ. 308ᵇ, Ragenalt 290ᵉ, Raginald IV 11.
78(2). 183, Raginal IV 78(2). 236 etc., Rainald, Raynald,
Reinald 24ᵇ. ᵈ. 25ᵈ. 27ⁿ. ᵈ. 30ᵃ. 32ᵈ. 36ᵈ. 40ᵈ (Rainold IV 208).
— Restald 31ᵈ. 261ᵃ (Restold 25ᵉ. ᵈ. 30ᵈ. 337ᵇ. 366ⁿ(2)). —
Roald 233ᵇ, Ruald IV 382(2). 383(6). — Rumald 98ᵇ; IV 417
(Rumold 65ᵇ). — Tædald 144ᵉ, Tedald 1ᵃ. ᵇ. 144ᵉ (Tedold 1ᵃ).
— Turald 4ᵇ. 6ᵃ. ᵈ. 7ᵇ. 8ᵈ. 23ᵇ (mit Turold wechselnd). —
Widald 367ᵇ.

2. -ard (ahd. hart), (vgl. Diez, Gr.⁴ II 385).

Acard 25ᵃ. ᵉ. 148ᵈ. 177ᵇ. 213ⁿ. — Adelard 269ᵈ. —
Aelard 23ᵇ, Ailard 114ᵈ. — Airard 83ᵃ. — Aitard 280ᵃ;
II 124ᵇ. 125(2), Ettard II 331. — Berard II 189; IV 65. —
Bernar II 201, Bernard 20ᵉ. 51ᵇ. ᵉ. 56ᵃ. 63ᵇ(2). — Bornard
29ᵃ. ᵇ, Burnard 212ⁿ, Burnart II 102. — Burcard, Burkard,
Burkart 143ᵃ. 146ᵈ. 147ⁿ. 152ᵉ; II 63ᵇ. 407. 407ᵇ. — Ebrard
66ᵃ. 67ᵇ. 301ᵒ, Eurard 90ᵈ. 91ᵉ. 199ᵉ. 204ᵉ. 345ᵇ. — Fulcard
120ᵈ; II 320ᵇ. 419. — Gerard 91ᵈ. 95ᵃ; II 117, Girard 18ⁿ. ᵇ.
36ⁿ. 68ᵃ. 70ᵇ. 79ᵈ; II 85. 85ᵇ. — Godard 359ᵇ, Godart II 396ᵇ.
— Guntard 98ᵃ. — Halfard 35ᵈ. — Haimard 151ᵈ. — Huard
69ᵇ. 139ᵈ. 232ᵉ. ᵈ, Huart 233ᵃ. — Letard 4ᵉ. 9ᵈ. 11ᵇ. ᵉ(2). 12ᵉ.
69ᵈ. — Mainard 48ᵉ. 74ᵈ; II 43. — Odard 30ᵃ. 36ᵈ(3). 243ᵃ.
266ᵇ(5) (ahd. Othalhart). — Oidelard 12ᵉ(2). 47ᵃ. 51ᵇ. 62ᵈ(2).
72ᵇ. 183ᵒ. — Oilard 206ᵇ(2). — Renard II 109. 266ᵇ. — Ri-
caiard II 209ᵇ, Ricard 25ᵉ. 26ᵇ. 28ᵇ. 30ᵈ. 31ᵉ(2). ᵈ. 32ᵈ(2). —
Sciar II 223ᵇ, Saiard II 425ᵇ, Sciart II 128. 223ᵇ. — Stanard
II 98ᵇ. 445ᵇ (Stanhard II 20), Stanard II 320ᵇ. 419 (Stanhart II
320ᵇ). — Tosard 26ᵃ. — Vitard 180ᵃ (für Widard, oder mit
Vitel zu Vitus?). — Waard IV 21, Wadard 1ᵃ. 2ᵇ. ᵈ. 6ᵇ(3).

7^c. 10^c(2). 12^c(3). 32^a(2). — Wicard II 47, Wiard II 44^b oder zum folgenden. — Widard 162^a. 186^c(2). 232^d. 260^c. — Widelard 228^a (vgl. Förstemann, Namenwörterbuch 1289). — Wielard II 41^b. 101^b. 103 (für Widelard oder Wiolhart? vgl. Förtem. 1325). — Wilard II 396^b.

3. Verstummen des auslautenden Gutturals.
a) Hinter Vokalen (vgl. Diez, Gr.⁴ I 317.

Alberi 106^b(2). 115^d (Alberic 106^b. 109^c). — Alfa 292^a (Alfac II 299^b, Aelfag 287^d. 292^a, Alfag 288^a). — Baldri 298^b (Baldric 62^d(2). 64^c. 73^a. ^{b}). — † Bricsi 35^b. 49^d. 51^c. 53^d. 69^d. 83^a. 95^b (Bricsic 98^c; doch man vgl. auch das häufige Brixi, z. B. 36^a. 42^a. 95^b. 96^b). — Engelri 137^b(3) (Engelric 137^b). — Frederi 196^o (Frederic 13^a; II 172), Fredri 27^b. 28^a. — Fulchri 328^b(2). — Gueri 127^d (Gueric II 261^b). — Herueus 64^c(2). 65^b. 68^b. 69^b. 74^c(3). 78^b. 85. 149^a. 155^d, Herueu II 386^b. 387^b, Heruius II 117 (Herwig). — Huard vgl. s. 2. — Hubald 216^c(3). — Hubert 20^d. 31^d. 60^c. 79^c(4). — †Hunni 255^b. 258^a, Huni 260^b (Hunnic 259^c; doch vgl. auch Hunnit 258^a(4), Hunnith 258^b(2)). — Landri 61^d. 331^c (Landric 227^a. ^{b}(3). 298^b. 310^a(2)). — Lefri 174^d (Lefric II 299^b). — Ludri 185^a (ahd. Liudarih). — Riuolt II 245^b(2) (ahd. Ricbolt, Förstem. 1040). — Waleri 130^a (Walaric 126. 130^a). — Wibert 11^c. 18^a(2). ^{c}. ^{d}. 19^a(4). 20^a (oder zu Witbert 18^a?). — Withri II 228^b (Witric 254^d).

b) Hinter Liquiden und Nasalen (vgl. Diez, Gr.⁴ I 317. 319).

†Basin 301^a. 304^c. 306^b. 320^c(2) (Basine 325^a(2)). — †Bodin 309^b(2). 310^a(2). ^{b}(7). ^{d}. 311^a(4). ^{b}(2) (Boding 151^a). — †Chepin 263^d (Cheping 38^d. 39^d. 41^a. 46^d(4). 47^a(8). — †Colin, Alward, IV 32 (Colline, Ailuuard IV 2). — †Dodin 219^a. 226^c. ^{d}. 227^d. 229^a. ^{b} (Dodinc II 86^b, Doding 127^b, Dodinz vgl. s. 22). — Fulbert 9^d. 10^a. ^{c}(3). 13^d. 212^a. 232^o. — Fulbric 343^d. — Godescal 64^c. 72^a. 73^b(2). 83^b. 90^a; IV 9 (Godescalc IV 4). — †Hardin IV 71(2). 490 (Hardinc IV 74. 453, Harding IV 73. 481. 489). — †Hundin 264^d (Hundinc, Hunding 267^c. 276^b. 308^a). — †Ildin 225^a (Hilding). — †Juin 108^c; IV 292 (Juinc IV 409, Juing 98^b(2)). — †Schelin 83^b. 99^b, Eschelin IV 20. 31, Escelin IV 74 (Skilling?). — †Soartin 53^b. 54^a, Suartin 39^d. 336^a (Suarting 51^a. 149^d(2)), Suertin 148^d (Suerting 149^c. 150^b(2). 153^b(2)). — †Suelin 151^b (Sueting 156^d. 217^c). — †Wichin 110^b(2). ^{c}(2). ^{d}. 111^a. 114^a. ^{b}(2). ^{d}(2). 150^a (Wiching 243^b. 244^c). — Wihomar IV 225, Wihumar 120^a. 125^a, Guihumar II 148 (Wibumarc 125^a, Wihomarc 310^c. 311^c(2)).

4. Abfall des auslautenden Dentals hinter n (vgl. Diez, Gr.⁴ I 311).

Amun 79^b (Amund 79^c). — Colebran 244^c; IV 278 (Colebrand 80^b. 107^a). — Lanbert 2^b. 18^c. 19^b(2). 20^a. ^{b}. 56^c.

---

† Manche der so bezeichneten Namen mögen auch die ursprüngliche Form (ohne abgefallenen Guttural) aufweisen.

77ª(2). 97ᵈ, Lambert II 31. 31ᵇ(2). 61. 168ᵇ. — Turbran 301ᵉ ('Turband, -brant 314ᵉ(5)).

5. e tritt zu oder schwindet vor s impurum.

?Esbern 1ᵉ. 300ᵉ; II 98ᵇ (Sbern 2ª. 7ª. 24ª; vgl. an. Asbjörn). — Escelin, Eschelin (Schelin.) vgl. s. 38. — Eschet II 268, Esket II 257ᵇ (Scet II 257ᵇ). — Escule 343ᵉ (Scule 359ª). — Estori 366ᵈ (Stori 216ᵉ. 280ᵇ. 282ᵇ(5)).

6. Abfall des auslautenden f in der Lautgruppe lf (vgl. Diez, Gr.⁴ I 324).

Ardul 323ᵇ (Ardulf 301ᵇ(2)). — Arnul 241ª. — Asul 312ᵉ(2) (Asulf 307ª). — Gulbert 129ᵉ. 206ᵇ. 232ᵈ. 275ᵉ. 277ᵉ. 280ª. — Hardul 331ᵈ (Hardulf 103ᵇ. 284ᵈ. 331ᵈ). — Hedul 275ᵇ (Hadulf 241ᵉ). — Jaul 125ª (Jaulf 125ª). — Ligul 301ᵇ. 309ᵈ (Ligulf 273ª(2). 274ª. 275ᵇ. 278ᵇ(2)). — Godricus Mal 50ᵉ (Godricus Malf 51ᵈ). — Osul 319ᵇ. ° (Osulf 24°. 102ᵇ(2). 113ᵇ. 319ᵉ). — Pantul, Willelmus, 248ᵇ (Pantulf 257ᵇ). — Ranul II 255 (Ranulf häufig). — Ringul II 267 (Ringulf II 174ᵇ). — Saul 51ᵈ(2). 71ᵇ. 75ᵉ; IV 453 (Saulf 51ᵈ. 56ᵈ. 72ᵉ. 74ᵇ). — Sortcol 300ᵉ (Sortcolf 300ᵉ). — Torul 351ᵉ, Turol IV 181 (Torolf 300ª, Turolf IV 204). — Toul 80ᵈ. 82ª(3) (Toulf 250ᵉ, Tolf 278ᵉ(2)).

7. Deutsches w im Anlaut (vgl. Diez, Gr.⁴ I 324 f.).

a) Gu.

Gualter II 180ᵇ. — Guarin II 310 (Warin 17ᵉ. 24ᵇ(2). ᵉ. ᵈ. 25ᵇ. ᵉ). — Guarmund IV 107 (Warmund 87ᵇ. 90ª. 93ª). — Gueri 127ᵈ, Guericus II 261ᵇ. — Guerlin 67ᵇ (Warlind, Förstem. 1260). — Guerno de Peiz II 363ᵇ (Werno, Förstem. 1265). — Guibert II 3ᵇ. 36ᵇ. — Guido II 179(2); IV 72 (Wido IV 46(3). 133. 413). — Guihumar II 148, Guihummar IV 91 (Wihumar 120ª. 125ª). — Guilelmus IV 272, Guillelmus IV 73. 303(2) (Willelmus sehr häufig). — Guiolf II 351ᵇ (ahd. Wigulf).

b) = G.

Galter II 162ᵇ. 169(2). 170ᵇ. 173ᵇ. 174. 175. — Galeram II 3 (Waleram II 1. 6ᵇ). — Galicerus II 70 (Walicherus II 69). — Garenger II 83. 87ᵇ(2). 294ᵇ. 338(4). 338ᵇ(2). 377. 423 (Warenger II 139ᵇ). — Garin II 4. 72ᵇ. 76ᵇ. 156. 254ᵇ(3). 278ᵇ. 310(2). — Garmund 95ᵉ; IV 107(3). — Garner II 26. 38ᵇ. 46. 46ᵇ. 103. 441(2) (Warner 96ᵉ. 186ª. 213ᵉ). — Godan II 76ᵇ. — Gulbert, vgl. s. 6. — Guluert 170ᵇ. — Gulfered 368ᵈ. — Gulfer 368ᵈ.

8. Gir- (ahd. Gér- (got. gáis)).

Girald, vgl. s. 1. — Girard, vgl. s. 2. — Girbert 230ᵇ. 236ª(2). — Girold 20ᵉ. 37ᵈ. 46ᵉ. 56ª. 62ᵇ(2). 64ᵉ. 72ᵉ(2). 75ª (Gerold 21ᵈ. 80ᵉ(2)). — Giruius 169ᵉ.

9. Gis-, Gisle-, Gille-, -gis, -gisle (ahd. Gisil-, -gisil).

Ansegis 243ᵈ. — Ernegis 312ª. 328ᵉ. 337ᵇ. 362ᵇ. 375ᵇ(2). — Fredgis 223ᵇ. 226ª. 282ª. 288ª(4). 290ᵇ, Fredghis 288ª,

Fregis 223ᵇ(2). — Gisbert II 117, Gislebert 11ᶜ. 12ᶜ. 13ᶜ.
14ᵇ. 17ᵃ, Gillebert IV 69. 73. — Ogis 82ᵃ. 94ᵃ(3). 95ᵈ. —
Torgis 109ᶜ(2). ᵈ, Turgis 1ᵃ. 7ᵃ. 8ᵃ(2). 10ᵃ(2). 13ᵃ. ᵇ, Turgisle
278ᶜ. 350ᵃ. ʰ.

10. Gon-, Gond- (ahd. Gunt-).

Gonchel 357ᵇ. — Gondran 25ᶜ; II 25ᵇ. — Gondrede 25ᵃ.
— Gonduin, Gonduuin II 97ᵇ. 436ᵇ. — Gonfrid 213ᵈ. —
Gonhard 112ᵇ. — Gonnar 112ᶜ, Gonther 113ᵈ (Gunhar 124ᵈ).
— Gonnil 88ᵃ (Gunnild 86ᵈ. 87ᵃ). — Gonuerd 99ᵇ (Gunward
255ᵃ. 258ᵇ).

11. Gois- (ahd. Gauz-, Göz-).

Goisbert 115ᶜ. 158ᵃ(2). — Goisfrid 3ᵇ. 6ᵃ. ᵈ(2). 8ᵇ. 9ᶜ.
14ᶜ. 16ᵈ. 17ᵃ. ᵈ. — Goismer II 39. 101. — (?)Goizenboded,
Willelmus, 162ᶜ. 167ᵇ(2). 172ᵃ. 177ᶜ(2).

12. Abfall des h im Anlaut.

Erbert 48ᶜ (Herbert IV 350. 351). — Ernulf 196ᵃ(2) (Her-
nulf 196ᵃ). — Ilbert 56ᶜ. 70ᵈ. 83ᵈ. 132ᶜ. ᵈ. 133ᵃ(2). 140ᶜ. 156ᵃ(b),
Ildebert 89ᶜ(2). 98ᵇ(2) (Hildebert IV 146. 147(4)). — Ilbod
154ᵇ. 160ᵇ(2). — Ildin 225ᵃ. — Ilger 126. 130ᵈ(2). 132ᵇ.
138ᶜ(2). — Ragenild 315ᵇ; IV 10. 17. — Umfrid II 315ᵇ,
Unfrid IV 5. 107. 123(3). 444(2), Ymfrid II 314ᵇ (Hunfrid häufig).

13. Übergang del l in u.[1]

Bauduinus IV 272(6). 273(6). 274(2). 279. 280(5). 281(3).
282(5). 285. 289. 463(2). 464. 467. 470 (Balduin IV 272(2).
274(2)). — Hairaudus 28ᵃ (Harold IV 229. 252). — Maugerus
IV 193(2) (Malger häufig, vgl. unten). — Rou, Turstin filius, 174ᶜ
(Turstinus f. Rolf 162ᵇ; IV 19. 74. — Vgl. R. Rou II v. 7657. 8698).
— Tetbaudus 213ᶜ (Tetbald 20ᵃ. 23ᵃ. ᵇ. 24ᶜ).

14. -mond (ahd. -mund).

Hamond IV 376. 465. — Osmond IV 9 (Osmund IV 13. 14).
— Simond II 37 (Simund 174ᵃ. 242ᵈ).

15. -oard (ahd. -wart), (vgl. Diez, Gr.⁴ I 326).

Bristoard 65ᶜ (Bristuuard 62ᵈ, Bristuard 79ᵃ). — Losoard
343ᵃ (*Laudwart, vgl. Pott, Familienn. 252). — Ricoard 26ᵇ. 47ᵇ
(Ricuard II 212) (vgl. auch Raynouuardus 277ᵃ, und hierzu Diez,
Gr.⁴ I 327).

16. Romanische Koseformen germ. Rufnamen (Suffix -on).

Alueron 80ᵇ. 112ᵇ(3); IV 366(2). 368. 466 (Alfer 4ᵇ. 21ᵈ.
22ᶜ. 36ᵃ). — Baderon 37ᵈ. 48ᶜ(2). 162ᵃ. ᶜ. 163ᵃ. 166ᵃ. ᵇ. 167ᵃ.
174ᵈ. 179ᵇ. ᶜ. ᵈ (Badhari?). — Goderun 154ᵇ. — Golderon
214ᶜ. — Hamon 110ᵈ. — Leueron 84ᶜ. 122ᵇ. 124ᶜ. 140ᶜ,

---

[1] Von dieser Vokalisierung des l zähle ich sämtliche Belegstellen auf.

Leuerona 83ʰ (Liubhari?). — S. Marunus de Sais 25ᵃ (S. Martinus de Sais 24ʰ. 25ᵉ). — Ruallon 214ʰ, Rualon 213ᶜ(2). 215ᵃ; IV 5 (Rual). — Ulfon 21ʰ. — Ulueron 10ᵈ. 112ʰ. 113ᵃ, Uluerun II 267ʰ. 303ʰ, ?Uluerona IV 390 (Ulfar 278ᵃ, Ulfer 20ᵈ. 22ᵃ, Uluer 315ʰ).

17. -ran (ahd. -rhaban, -ramn) (vgl. Diez, Gr.⁴ I 311).

Bertran 47ʰ. 93ᵈ. 94ᵃ. — Folcheran 88ᵃ, Folcran 88ᵉ, Fulcran 88ʰ(3). 89ᵃ. — Gondran 25ᶜ. — Ingelran 17ᵈ. 18ᵃ. ʰ. ᵉ(2). 184ʰ. 204ᶜ. 206ʰ. 224ᵃ (Ingelramn 82ʰ. 98ʰ). — Ingran 285ʰ (Ingram 277ʰ(2)). — Offran 358ᵉ (Offram 376ʰ). — Waleran 30ᵃ. 37ᵈ. 42ʰ(2). 47ᵃ(3). 48ᵉ(4) (Waleram II 101ʰ).

18. Ro- (ahd. Ruod-, Rôd-).

Roald, vgl. s. 1. — Robert 16ᵈ. 17ᵈ. 18ᵃ(5). ᵉ(3). ᵈ (Rodbert, Rotbert 13ʰ. 24ᶜ. 27ᵃ. ʰ(2). 63ᵈ). — Roeric IV 63 (Roderich). — Roger 10ᶜ. 13ʰ(2). 16ᵃ. 17ᶜ. 18ʰ. ᶜ. — Rohard (89ᶜ(3); IV 145(2) (Rothard IV 147). — Rohais 203ʰ. 207ʰ. 229ᵃ (Rothais 132ʰ. 142ᶜ. 207ʰ; Hruodo haidis?). — Rolland 23ᶜ. 25ᵃ. ᶜ. 120ᵈ. 212ᶜ. 227ᵃ(2). — Roric II 362ʰ. — Roulf 157ᵈ. 233ᵈ. 236ᵃ; IV 11. 16. 17, ?Rouf IV 9.

19. -rede (ahd. -râda).

Gondrede 25ᵃ. — Ingrede 301ᵃ. 330ᵈ.

20. Übergang des inlaut. labialen Verschlufslautes in den entsprechenden Reibelaut.

Eurard 90ᵈ. 91ᶜ. 199ᵉ. 204ᶜ. 345ʰ; IV 262. 486 (Ebrard 66ᵃ. 67ʰ). — Eurold 359ᶜ.

21. y für i oder u.

Aluuy IV 352, Aluuyn IV 358. — Edury IV 275. — Goduuyn IV 68. 69. 407(2). — Leuuyn IV 85, Letuuyn IV 314. — Sauuyn IV 68. 413. — Sybus 146ᵃ (vgl. Sibe 88ʰ). — Symeon 199ᵉ. — Syreuuald IV 245. — Syric 147ᵉ (Siric 186ᵈ). — Uluuardusuuyta IV 72. — Ulsy 287ᵈ (Ulsi 10ᵃ. 13ᵃ. 19ᵉ). — Ymfrid II 314ʰ.

22. Auslautend z für c (-cus).

Alfriz II 246, Aluriz 206ᵃ (Alfric 58ᵈ. 90ᵈ(2)). — Dodinz 148ᶜ (Doding 127ʰ(2)). — Lefriz II 228ʰ (Lefric II 299ʰ). — Sariz 50ʰ (Saric 74ʰ(2). 86ᵉ). — Ulfriz II 244ʰ (Ulfric 100ᵈ. 175ʰ).

23. Andere Fälle.

Adeliz 132ʰ. 209ᵃ. 217ᵈ(5). 230ʰ. 236ᵈ(2). 238ʰ. 244ᶜ. — Adelheidis.
Andreu II 347. — Andreas.
Anne 168ᵃ. — Anna.
Eustacius 203ᵈ. 205ᶜ. 336ᵈ. — Eustachius (2ʰ. 14ᵃ(2). 19ʰ) oder Eustathius.

Fitel 98ª; IV 357 (Vitalis ibid). 380. — Vitel 72º(2). 97ª; IV
408. — Dem. von Vitus (Veit). lat. Vitalis (häufig, z. B. 3º. 10ª(2).
12ᵈ(2). 39ᵇ) ist wohl oft nur eine irrige Latinisierung von Vitel.
— Vithelet IV 354. — Subdem. von Vitus (vgl. Fitheus s.
Kap. 3, 5 und Phitelet s. Kap. 3, 7).
Froger 57ª. 58ª. — Frodegar.
Fulcoius 23º. 24ª(2). — Fulcoinus 51ª(3); IV 329. — Fulcwin;
Fulcuin (51ª).
Honfred IV 6. — Honfrid IV 9(3). 10. — Hunfrid (häufig).
Maigno 13ª. 132ᵇ. 152ª(6). — Manno (142ª. 143ª. ᵇ).
Mathiu, Mathi, Mathiw, Maci, Matheuus 44ᵈ. 56ª. 63ᵇ. 64ᶜ.
73ᵇ(2). 75ª. 82ᶜ. 86ª. 98 (2). 162ᶜ. 170ᵇ; II 1. — Mathaeus.
Maelger IV 245 (2). 248. 257. 407. — Malger, häufig, z. B. IV 74.
95. 248 (3). — Für Madalger, Förstem. 921 (Matelger IV 247).
Matild, Matilde, Matildis, Matheld, Mathild, Mathildis 38ª.
49ᵇ. 68ᶜ. 75º. 78º. 116ᵇ. 163ᵈ(5). 222ᵇ; IV 25. 102. 103. 426.
— ahd. Mahthilt.
Nicol 196ᶜ. — Nicolaus (52º. 59ª. 70º).
Oger 1ª. ᵇ. 6ᵈ. 82ᶜ. 208ª. 227ª. 228ª(2). 230ᵇ. — ahd. Audager.
Oudon 352ª. — Eudo.
Pieranus, S., 121ᵇ(2). 123ᵈ; IV 66. 188(2). — Petrus.
Ponz, Walterius filius, Drogo filius, 56ª. 61ᵇ(3). 64ᶜ(2). 72ᵈ(2).
154ᵇ·ᶜ. 160ª(3). 162ᶜ(2). 168ᵈ(2). 172ª. 177ª(2) u. ö. —
Poinz, Drogo filius, 179ᵇ. — Pontius; vgl. Drogo f. Ponzii,
174ᵈ; Walterius f. Pontu (= Pontii) 164º.
Raulfus II 423ᵇ; IV 52. 428. — Radulfus (häufig).
Sanson 87ᵈ. 246ª. 247ᵈ(2). — Samson (IV 432 (3)).
Stefanus 61ª. 73ᶜ(2). 89º. — Stephan (IV 4. 5).

Dunkle Namen,
oder Namensformen mit zweifelhafter roman. Beeinflussung.
.1. In einigen der folg. Namensformen mag -et als roman.
Deminutivsuffix anzusehen sein.

Abet 103º (Abo 132ᵈ). — Achet, Walterus, 148ª. — Aldiet
259ᵇ, Aeldiet 176ᵈ. 259ᵇ (Alti 248ª). — Agenet II 358. —
Aliet 240ᵇ (Alli 145º(2)). — Altet 11ª, Alded II 446. — Aluied
73ᵈ. 88ᵈ. 146ᵇ, Aluiet 20ᵇ. 29ᵇ. 49ᵇ. 58ª, Alued II 435ᵇ, Aluet
66ᵇ (Aluui, häufig). — Anietus, Sc̃s IV 66. — Bared 317ᵈ, Baret
299º. 301ª. 315ᵈ. 316ª(2).ᵇ (4). ᶜ(3). 329º. — Bored 210ª. ᵇ, Boret
206ª. — Bueret 249ᵇ. — Cerret 241ª. — Cheueret IV 205
(chèvre?) — Eddied 176ᶜ. 183ᵇ. º(2). 186ª, Eddiet 170º. 183º. —
Edged 235ª. — Elget 208ᵇ. — Eliet 258ᵈ. — Erniet 267ᵇ,
Ernet II 340 (Erni 266ª, Erne 266ª(3). 268º(3)). — Goded 273ª,
Godet II 42ᵇ. — Goderet II 82. — Leuiet 66ᵇ. 74ᵇ. 82ᵇ. 97ᵈ
(Leuui 87º. 150º). — Leuiget 221ª. — Liboret 214ª (Liubarat?
Förstem. 855). — Meriet 242ᵈ. — Oluiet 150ᵈ. 358ᵇ. — Osiet
214ª. 218ª(2). — Ouiet 213ᵇ. 217ᵇ. 257º. — Tored 143º. 205ᵈ.
289ᵈ, Toret¹ 254ᶜ. ᵈ(3). 255ᶜ. 259º. 265ª, Toreth 266ª, Thoret

---

¹ Toret ist auch der Name des bösen Geistes in Rou II 4595 f.

268ᵃ. — Touet II 173ᵇ (Toui, häufig). — Ulfiet 231ᵃ. 285ᶜ. 322ᶜ,
Uluied 21ᵉ, Uluiet 8ᵇ(2). 10ᵒ. 50ᵇ(3). ᵒ. ᵈ(2). 51ᵒ. 52ᵇ. ᶜ. ᵈ. —
Ulflet 39ᵈ. — Uluuiet 371ᵒ; II 419 (Uluui, häufig). — Uuiet 263ᵈ.

2. -chin.

Caschin 273ᵃ. 274ᵃ. 280ᵒ. 285ᵃ, Caschi 285ᵇ. — Erlechin
265ᵒ. — Walscin 98ᶜ. 111ᵈ(2). — Hardechin II 393ᵇ.

3. -ei, -eih, = -ec, eg?
Alfeih II 190ᵇ (Alfec 22ᵇ, Alfeg 123ᵃ. 125ᵃ). — Bristei 62ᵇ
(Bristec 61ᵈ(3). 62ᶜ). — Herueius IV 2. 7. 8. 13. 14. 20 (vgl.
Kap. 2. 3ᵃ). — Ulfeih II 62 (Ulfech, Ulfeg, Ulfegh 167ᵃ(2). ᵉ.
205ᵈ. 217ᵉ).

4. Metathesis des r in -wachar?
Aluuacre 72ᵃ, Aeluuacre 47ᵇ, Ailuuacre 90ᵃ; IV 150,
Eluuacre 95ᵃ. ᵇ(2). ᵒ(3). 97ᵈ(3). 98ᵃ(2), Euuacre 97ᵈ. 98ᵃ. —
Eueruuacre IV 159, Eureuuacre IV 322 (vgl. Förstem. 1223).

5. u = l?¹
Auic 206ᵇ. 207ᵒ (Alich 205ᵈ). — Dedou 265ᵃ (Dedol 263ᵈ.
264ᶜ(2), vgl. Dol s. Zunam.). Oder gehört es zu ahd. Thiotolf,
Dietwolf? — Eustan 6ᵃ (Elstan 170ᵃ). — Fitheus 72ᶜ (vgl. Vitel,
Fitel s. Taufn. 23). — Gotius II 54ᵇ. 55ᵇ (Gotil II 56). — Tou
80ᵈ(2) (Tol 80ᵈ(2)). — Toui, häufig, doch läfst nur 159ᵈ Identität
mit dem gleichfalls häufigen Toli vermuten.

6. uui für uuin? (In einigen Fällen mag auch uulc, uulh (got. veihs)
oder uuit vorliegen, vgl. Taufn.. 3a).
Aluui 29ᵇ. 46ᵈ. 48ᵃ. ᵈ. 49ᵈ, Aeluui 49ᵈ. — Arnui 273ᵃ.
292ᵇ. — Boui 220ᵃ. 223ᵇ. 237ᵇ. 240ᵃ. ᶜ. — Brictui 80ᵒ. 108ᵈ.
— Eduui 10ᵈ. 50ᵃ. 51ᵃ, Aeduui 284ᵈ. — Chenui 70ᵈ (Chenuin
69ᶜ). — Eluui 72ᵇ. 89ᵒ. 121ᵃ. 166ᵇ. — Ernui 96ᵒ. 167ᵒ. 183ᵇ.
184ᵈ(2), Erneuui 243ᵇ (Erneuuin 243ᵇ, Ernuïn 177ᵃ. 183ᵃ. 209ᵃ).
— Fulcui 29ᶜ. 36ᵇ. 259ᵇ(2). — Gherui 39ᵃ, Girui 169ᶜ. —
Hadeuui 185ᵒ (Hadeuuin 162ᵃ, Haduuin 183ᵇ). — Leduui 258ᵈ
(Leduuin 308ᵉ). — Leuui 80ᵃ. 104ᶜ. — Ordui 36ᵃ. 150ᵒ. —
Osuui 139ᵈ. 149ᵃ. 151ᵇ. 202ᵃ. — Saluui 58ᵈ. — Scuui 70ᵃ.
154ᵇ (Seuuin 106ᵇ). — Toui 24ᵒ. 34ᵃ. ᵈ. 36ᵈ(2). 40ᵒ. ᵈ. 45ᵈ,
Touui 147ᵈ. — Uluui 70ᵇ. 88ᵃ. 90ᵒ. 92ᵃ.

7. Andere Fälle.
Acum 344ᵇ(2), Acun 307ᵈ. — Aelons II 360. — Agneli
II 125ᵇ. — Aluerle 300ᵈ. — Alun 278ᵈ. — Anaut II 152. —
Aretius 160ᵈ. — Ascuit, Haiscoit, Hascoius, Hascoit,
Hascoith, Hascuith (Musard) 61ᵈ(3). 143ᵃ. ᵇ. 152ᶜ. 154ᵈ. 162ᶜ.
169ᶜ(5). 238ᵃ. 272ᵃ. 277ᵈ(4); 159ᶜ: Hascolfus Musard (vgl.

---

¹ Auf Grund von den s. Taufn. 13 aufgeführten Namen ist die Möglich-
keit der Auflösung des l in u in den folgenden Namen nicht ausgeschlossen,
wenn sie auch trotz der Nachbarschaft einzelner sich entsprechender Formen
problematisch bleibt.

Fulcoid IV 375 und Förstem. 1279). — Bailgiole, Balgiole
(Rainaldus) 246ᵃ. 250°(2) (vgl. den schott. Familiennamen Baliol;
Benceit, Chron. Gloss. s. v. Bailliol: cri d'armes de Bernard de
Baliol). — Botinus, Radulfus, IV 440. — Bertunt 259ᵃ. —
Brumage 236ᵇ. — Brumar II 342, Brumanbeard II 334 (zu
got. bruþs? vgl. Bruman s. Zunam.). — Brunier 371ᵇ (Brunhari?).
— Burgel 71ᵇ (Burghilt oder Dem.?). — Burrer 257ᵃ. — Cadio
106ᵃ. 248ᵈ(2), Gadio 158ᵃ, Cadiou 347ᵈ. — Calpus II 240.
262. — Canud (Galterus) II 280 (Rainald) 64ᶜ, Canutus (Rainald)
73ᵇ; IV 6, Canut (liber homo) II 403, Chenut 301ᵃ (Der Graue?
Der Dänenkönig wird als Cnut rex 263ᵃ. 264ᵇ aufgeführt). —
Ceuresbert (Aluui) 64ᵈ. — Clama, Eudo filius, II 110ᵇ. 235ᵇ,
Claman 301°. — Cochenac, Algar, 132ᵃ. — Crin 311ᵃ. —
Costelin 181ᵃ. — Dainz 255ᵈ. — Droard 180°. — Enisan
309ᵇ(3). ᶜ(10). ᵈ(2), Enisant II 77. — Ermi'ot II 295 (zu afrz.
erme?). — Escul 287ᶜ. 288ᵃ. 292°. 330ᵈ; Essul 263°. 265ᵇ
(Asculf?). — Esmeld 24ᵈ, Esmellt 1ᵇ; Estan 6ᵇ. 50°. 53ᵃ.
94ᶜ; Estarcher 34ᵈ (prothet. c?). — Essocher 28ᵇ. — Faeicon
145ᵇ. — Radulfus Faeto II 257. — Robertus Fardenc II 371. —
Fenchel 375ᵈ. 376ᵃ (Finegal 309ᵇ?). — Gatelea, Radulfus, II
239. — Gaurincus II 363ᵇ. — Gereon IV 357; Gerin 52ᵃ.
54ᵃ. 238ᵃ. 243ᵈ(2); Geron 115ᵈ (Dem. zu Gerbert? — die Be-
deutung schliefst wohl afrz. geron aus). — Gernio 160ᵈ. —
Helins II 200. — Helius II 191ᵇ. 195. 199ᵇ (Elias?). —
Herpul 52° (herpe pul, nfrz. harper? vgl. Diez, E. W. II° s. v.
Herpé und Zunam.: Chacepul). — Johais 243ᵇ(2). — Juichel
II 438, Juikel II 363ᵇ (? Judichel 70ᵇ. 189ᵃ. 193ᵇ(2)). — Loinus
IV 244(2). 470. — Machel 332ᵇ (Dem. von Mace, oder zu
Maci?). — Malcolumbe, Norman F., 373ᵇ (Unglückstaube,
vgl. unser Unglücksrabe etc., oder zum schott. Gentilnamen
Malcolm?). — Manasses 89ᵇ. 98ᵈ. — Muceullus 201ᶜ. —
Offels 124ᵇ. — Offerd 115ᵇ. 124ᵇ. 358ᵈ; Offers 106ᵃ(2).
107ᵃ. ᶜ(2). 108ᵇ. ᶜ. 111ᶜ. 124ᵇ(2) (letzteres Offier? vgl. Ducange
Gl. offarius). — Oirant 53ᵃ. — Oismelin 16°. 25ᵃ. ᵈ. 47ᵇ. —
Papald 48ᵃ (vgl. Förstem. 195). — Pat 268ᵃ (Koseform von Pa-
tricius? vgl. Pott, Familienn. 114). — Petroius, S., 121ᵃ (121ᵇ:
Petrocus?). — Phanceon II 144. — Phitelet 44ᵈ (vgl. Vithelet, s.
Taufn. 23). — Pirot 197ᶜ(3). 212°(2). 214ᶜ(3); II 50. 403ᵇ (Pierrot?
vgl. Roquefort Gl. s. v. Piron). — Pleines 204°. — Polcehard
60°. 63°. — Porto', Willelmus, 117°. — Rabel 125ᵃ(2); II 117.
269ᵇ. 279ᵇ. — ReWalon, abbas, IV 10, ReoWelon IV 17 (vgl.
Riuualo 213ᶜ und Galfrids Hist. II 16 (p. 29)). — Roc II 396ᵇ
(Fels?). — Roicus II 365ᵇ. — Saisselinus II 1. 436ᵇ (Sasselin
II 92ᵇ, zu Saxo, oder nd. Form?), Saissil 186ᵈ(2). — Sotinz
152ᵃ. — Sperun II 374ᵇ. — Spirites 1ᵇ. 49ᵇ. 73ᵇ. 183ᵃ,
Spirtes 91ᵇ. 183ᵃ(3). 252ᵈ. — Stepiot 340ᶜ (Dem. zu Stepi 290ᵃ.
358ᵈ?). — Sufreint II 334ᵇ (subfractus?). — Talebot, Goisfrid,
II 89ᵇ; Ricard 211ᵇ (vgl. den Familienn. Talbot). — Tascelin

3*

ll 3ᵇ. 10ᵇ. — Teit ll 322ᵇ (tectūm?) — Tigerus ll 315ʰ (tibiarius, oder ahd. Tic+hari? vgl. Förstem. 1154). — Tirus ll 357. — Toisuuald 122ᵈ. — Tual (quidam francigena) 269ᵇ. — Uluuoi 264ᶜ(2). — Unglicus, Ascolf, II 117. — Uttalis 7ª. — Uuenot 213ᵇ. — Vaganus ll 208. — Wifle 301ª(2). — Willa 224ᶜ(2) (für Wilac 337ª, Wislac 51ᵈ (2)?). — Wordrou 112ᵇ; IV 369.

Zur Wortbildung

(über Kap. I, Kap. II, Zunamen).

-age.

fumagium	maritagium	Saluage
herbagium	paragium	
homagium	passagium	

-ai (o)[1]

Bernai	Cambrai	Gurnai
Douuai	Cartrai	

-ard (vgl. Taufn. 2).

Bastard	Brisard	Gibard
Baignard	Flammard	Gifard
Blancard	Fossard	Musard
Boscroard(o)	Froissart	Trenchard

-bec[2] (o).

Bolebec	Molebec	Orbec
Merlebec		

-ble.

Stable	Venables(o).

-curt (o).

Aincurt	Grantcurt	Rainbuedcurt

-el (ellus, alis).

Arundel	Cotel	Pagenel
Auenel	Cratel	Peurel
Borel	Cruel	Pinel
Bretel	Grapinel	Pointel
Brunel	Locels(o)	Ridel
Buissel	Louel	Romenel(o)
Burdel	Mantel	Taissel(o)
Caisnellus	Martel	Tinel
Carbonel	Mascerel	Tirel
Cernel(o)	Morel	Vitel
Columbels(o)	Mucel(gros)	

---

[1] Ortsnamen.   [2] Vgl. Joret p. 48 f.

-ier (e).

Armenteres(o)	Columbers(o)	Oliuer
Berneres(o)	Fereires(o)	Parcher
Berseres(o)	Felgeres(o)	Parler
Beurere(o)	Fouuer	Ponther
Boscher	Glunier	poters
Brueria(o)	Mosters(o)	Riuere(o)
Brurere(o)	Noers(o)	Scalers(o)
Canceler	Nouueres(o)	

-et.

Atllet	Caisned(o)	Maloret
Basset	Chernet(o)	Orenet
Belet	Corbet	Oualet
Bloiet	Folet	Peret
Buenuaslet	Greslet	Vithelet
Boschet	Louet	
Burdet	Malet	

-i (o).

Adreci	Coci	Oilgi
Albengi	Curci	Perci
Andeli	Dalmari	Poilgi
Boci	Jueri	Sauigni
Borci	Laci	Sumeri
Bursigni	Limesi	Todeni
Busli	Luri	Traillgi
Cailgi	Marci	Veci
Celsi	Montgomeri	Verli

-ie.

Aldrie(o)	Cornelies(o)	Cornuailgie.

-in.

Angeuinus	Corbin	Peteuinus
Bordinus	Morinus	
Corbelin	Pallinus	

-ois.

Ebrois	Lisois

-on, -ion (vgl. Taufn. 16).

Abernon(o)	Bohum(o)	Caron
Alencun(o)	Brion(o)	Castellon(o)
Belencun(o)	Burun(o)	Claron
Blacun .	Cardon	Corbucion

Corbun(o)	Gemon	Tison
Curcon(o)	Helion(o)	Valbadon(o)
Ernucion	Moion(o)	Vernon
Fafiton	Norun(o)	
Ferron	Pontcardon(o)	

-ot.

Belot	Maminot	Picot
Brinot	Mammot	

-tot [1] (o).

Abctot	Hotot	Langetot

-uile (o).

Appcuile	Buiuile	Nouilla
Ansleulle	Clauile	Otburguile
Bereuile	Coleuile	Runeuile
Blosseuile	Cunteuilla	Sacheuile
Boc uilla	Glanuile	Wateuile
Bouuilla	Haluile	Widuile
Breteuile	Magneuile	
Burneuilla	Monneuile	

KAPITEL III.
Sprachgeschichtliche Bemerkungen.[2]
A. Zur Lautlehre.
a) Vokale.

§ 1. Germ. ursprüngliches a ist als tonloses a erhalten in marsuins (ahd. mẹri), Falaise (ahd. fẹlisâ).

§ 2. a wechselt mit germ. ai in Greistan (-stain), Ranbudcurt (Rain-). Vgl. Diez, Gr.[4] I 309.

§ 3. e tritt für ai auf in Grente mesnil (neben -maisnil), Gresten (neben -stain), Renbodcurth (neben Rain-). Vgl. Fresle, Greslet.

§ 4. An Stelle von ei erscheint e in Caisned, Fontened, Orlatele (neben -teile), Peteuinus, (quarantena), Salcet (neben -ceit).

§ 5. e für ie in Cheure (neben Chieure).

§ 6. Lat. ō in offener Silbe vor Nasalen wechselt mit u: Cardon -un, Caron -un, Curcon -un, Emucion -cun, Moion -un, Vernon -un.

§ 7. u der lat. Nominalendung -us ist zum Stamme gezogen in Andreu, Belfou, Fouuer, Mathiu.

§ 8. Auslautendes u wird durch uu w vertreten in Fouuer, Froisseleuu -lew, Mathiw, Matheuus (neben Mathiu), Ouu Ow (neben Ou), Visdeleuu — Lew.

---

[1] Vgl. Joret p. 52 f.
[2] Die dunkeln Namen sind unberücksichtigt geblieben.

b) Diphthonge.

§ 9. Lat. ŏ in offener Silbe wird ue in Buenuasleth, Sept-mueles (Rainbuedcurt).

§ 10. Dem lat. ŭ in offener Silbe entspricht neben ou ein euu eu: Culdelou Louel Louet Loueth neben Froisseleuu Leuet Visdeleuu.

§ 11. Lat. ŏ+i = ui: Malduit (neben Maldoit).

§ 12. Lat. ŭ+i = oi: Froisseleuu (in tonloser Silbe Froissart).

§ 13. Der lat. Endung arius entspricht:

   1. -ier: Ferieres Ferrieres.

   2. -er: Armenteres, Berneres, Berseres, Beurere, Boscher, Brurere, Canceler, Columbers, Feireres Fereres Ferreres, Felgeres, Fouuer, Leger, Noers, Nouueres, Oliuer, Paisforere, Parcher, Parler, Ponther, poters, Riuere, Scalers Escalers.

   3. -eir: Beureire, Fereires, Pastforeire, Riueire.

c) Konsonanten.
Gutturale.

§ 14. Lat. c vor a[1] ist wiedergegeben

   1. durch c

     α) vor unverändertem a in: Belcamp, Blancard, Cadam, Cahainges, Cailgi, Caisned, Caisnellus, Cambrai, Canceler, Candos, Carbonel, Cardon, caretedes, Caron, Cartrai, Castellion, Marescal, Trencart.

     β) vor daraus entstandenem e oder ie in: Mascerel, Cieure.

   2. durch ch

     α) vor unverändertem a in: Chacepul, Chartreia, Trenchard.

     β) vor daraus entstandenem e oder ie in: Arches, Boscher, Cheure Chieure, Macherel, Parcher.

   3. durch k in Kartrai.

§ 15. c vor e erscheint einmal als ch in Boschet.[2]

§ 16. Im Inlaut wechselt ci mit z: Corbucion Corbuzon, Ernucion Ernuzon.

§ 17. Im Auslaut wird c durch ch vertreten in: maresc maresch, Bolebec Bolebech, Croc Croch, Spec Spech, Tailgebosc Tailgebosch.

---

[1] Die folgenden Beispiele, in denen in denselben Namensformen c ch k promiscue auftritt, bezeugen, dafs das graphische Zeichen h noch nicht seine diakritische Funktion (zur Scheidung des palatalen und velaren c) ausübte, die es im normannischen des 12. Jahrhunderts übernommen; vgl. Suchier, ZFRP II 294. — Eine Scheidung der Ortsn. mit palataler resp. velarer Gutturaltenuis — 2 Gruppen, die sich bis heut in der Normandie neben einander erhalten haben (Joret p. 139 f.) — kann im 11. Jahrhundert auf Grund der Orthographie somit nicht vorgenommen werden.

[2] In dieser Schreibung des Gutturals liegt natürlich für die Aussprache KYA bezügl. TSH kein Grund vor. (Es ist wohl das im Auslaut mit c wechselnde ch, vgl. § 17; oder sollte es auf Übertragung beruhen, wie in cochet crochet? vgl. Suchier, ZFRP II 299.)

§ 18. Hinter n wechselt ausl. c mit g: Dodinc Doding, Hardinc Harding, Hesdinc Hesding, Hundinc Hunding, Malbeenc Malbedeng.

§ 19. Abfall des ausl. Gutturals in marescal, Montebor, Odburuile, Sentebor, Waleri, Witen (neben Witenc); vgl. ferner Kap. II Taufn. 3.

§ 20. Abfall des ausl. c vor flexischem s in blans, ferdins, pors.

§ 21. Lat. c zwischen Vokalen ist stimmhaft geworden in Montagud (neben Monticut).

§ 22. Die Schreibung gh tritt (neben g) auf in Felgheres, Fredghis, Langhetot.

§ 23. h ist wohl silbentrennend in Scohies (neben Scoies), Tahum (neben Tham), ? Bohum (vgl. IV 62. 189: ' Michahel).

· Dentale.

§ 24. Loses d (þ) ist im Begriff zu verstummen, denn die Schrift beginnt es hier und da zu übergehen, doch ist es noch häufiger geschrieben als fortgelassen. Sein Schwinden scheint leichter im In- als im Auslaut von Statten gegangen zu sein.

1. Es verharrt

   a) im Inlaut:

   Adeliz[1], Cadom, caretedes, leuuede, Malbedeng, Matelger, Scudet Scutet, Todeni, Waders.

   b) im Auslaut:

   Adobed, Bagod, Caisned, Estordet Estordit, Hosed, Montagud Montagut, Rainbuedcurt, Sturmid Turmit Estormid Estormit (? Fontened, Reduers, Salceid Salceit Salcet Salciet).

2. Es ist ausgefallen

   a) im Inlaut:

   Malbeenc, Maelger, Raulfus (neben dem häuf. Radulfus), Scuet Escuet, Toeni, Waard (neben Wadard), Waer.

   b) im Auslaut:

   Reinbecurt, Sturmi (? Fonteneio, Reueris, Salceio).

§ 25. Auslautendes d wechselt mit t: Baignard -t, Bigod -t, Flammard -t Flanbard -t, Fossard -t, Gibard -t, Gifard -t Giffard -t, Mellend -t, Montford -t, Musard -t, Panceuold -t, Trenchard Trencart (vgl. Kap. II Taufn. 2).

§ 26. Auslautend d (ahd. t) ist hinter Liquiden abgefallen in: Baignar, Bernar, Blancar, Gonnil, Raginal. — Über den Ausfall desselben hinter n vgl. Kap. II Taufn. 4; ferner in Blon.

§ 27. Antritt eines unorganischen t hinter n in: Burunt (neben Burun), Wytent (neben Witen).

§ 28. Auslautend t + s = z: arpenz, coscez (neben coscets), essarz, hundrez, Wanz (neben Wants).

---

[1] Die übrigen zahlreichen germ. Taufnamen, in denen intervokales d erhalten, übergehe ich, wenn nicht zugleich die entsprechende Form mit geschwundenem d auftritt.

§ 29. t wechselt auslautend mit th: Abetot-th, Aincurt -th, Buenvaslet -th, Louet -th, Maldoit -th Malduit -th, Malet -th, Maminot- th, Port -th, Reinbuedeurt -th.

§ 30. Auslautend th (got. þ) ist hinter Vokalen abgefallen: Bruman; vgl. ferner Kap. II Taufn. 18.

§ 31. Deutsches ht verliert das h in Mathild..

§ 32. th+i+voc ist zu c assibiliert in Maci.

§ 33. Paragogisches s erscheint in Ultresport.

§ 34. Prothetisches e hat escotare; es ist vom Schreiber fälschlich angenommen in escambium, daher die Formen scambium scangium. — In den Eigennamen aber bedurfte es in unserer Periode wohl noch nicht unbedingt des die Aussprache von s impurum erleichternden Vorschlags, und so erscheinen die meisten — mag auch immerhin manches auf Kosten der Schreiber zu setzen sein — in ihrer lat. resp. germ. Gestalt. Dafs das prothet. e noch kein integrierender Bestandteil auch der Eigennamen geworden, beweisen die Doppelformen: Scalers Escalers, Scois Escois, Scuet Escuet, Stramun Estramin, Sturmid Estormid; vgl. ferner Kap. II Taufn. 5.

Labiale.

§ 35. Lat. p zwischen tönenden Vokalen geht in den Reibelaut seines Organs über: Cheure, Peurel, Riueire.

§ 36. Lat. p ist dem zu erwartenden set zuwider nicht assimiliert in Septmueles (vgl. Alexis 33 a).

§ 37. G erscheint als Vorschlag vor germ. w in inguardos, Garenda, und ferner in den s. Taufn. 7 aufgeführten Namen. Wenn auch Gu in der Schrift mit G wechselt, so ist doch die Aussprache noch durchgängig Gu, da einerseits vor e oder i nie G als Vertreter des w erscheint, andrerseits Gu nie für lat. g eintritt.

Liquide.

§ 38. Wechsel der beiden Liquida in Columbels Columbers, Helion Herion (? Framen).

§ 39. In einigen Namen findet sich die Auflösung des l in u:[1]
a+l+Kons.: Bauduin, Hairaud, Mauger, Tetbaud.
o+l+Kons.: Rou.
(? l+a: Turuauilia).

§ 40. Mouill. l wird ausgedrückt durch
ilgi: tailgia, Cornuailgie.
ilg: Batailge, Broilg, Cailgi, Oilgi, Poilgi, Tailgebosc, Trailgi.
illg: Poillgi, Taillgebosc, Traillgi.
il: Poileio, Tailebosc, Trailei.
ill: Batailla, Oilleio, Poilleio, tailla, Taillebosc.

---

[1] Man konnte einigen Zweifel an diesem Übergang in einer so frühen Epoche hegen und die Korrektheit des Druckes in Frage stellen. Doch eine Kollation von Facsimile (Sussex und Bedfordshire) und Druck stellte die Formen Hairaudus Tetbaudus aufser Zweifel, und somit steht auch den übrigen Belegen kein Bedenken entgegen. — Vgl. auch Cligés, ed. Foerster, Halle 1884, Einl. LXIX f.

illi: Batailliæ.
lg: Calgi, Olgi, Talgebosc, Tralgi.
llg: Tallgebosc.
lli: Batallia, Castellion, Talliebosc.
ll: Castellon, Tallebosc.

§ 41.   Metathese des r: Gernon Grenon.

§ 42.   sl wird zu ll assimiliert in Gillebert (vgl. Kap. II Taufn. 9).

Nasale.

§ 43.   m wechselt mit ursprüngl. n in Lambert Lanbert.

§ 44.   n steht für auslautendes m in Sanson (über ausl. n für germ. mn vgl. Kap. II Taufn. 17).

§ 45.   Mouill. n wird ausgedrückt durch

ingi: Baingiard, Poingiant Puingiand Puingiant.
ing: Cahainges, Valoinges.
inc: Poinc.
ini: Bainiard.
ign: Baignard Baignart, Puignant.
in: Bainard, Puinant.
inn: Puinnant.
gn: Bursigni, Magne, Magneuile, Pugnant, Sauigni.
ngi: Bangiard, Pungiant, Valongies.
ng: Cahanges, Valonges.
ni: Baniard, Puniant, Valonies.
nn: Manneuile, Punnat'.

B. Zur Flexionslehre.

§ 46.   Der Nominativ ist unter den anfgeführten Namensformen so selten, dafs er die Ausnahme bildet; er erscheint mit Sicherheit nur in Wants Wanz (neben Wand) der 2. Masculin-Declination.[1] In den übrigen Fällen ist der Accusativ anzusetzen, der mit seiner dem Stamme näher liegenden Form und allgemeinern Bedeutung die Grundform auch der Nomina propria bildet.

§ 47.   Aufserhalb der Eigennamen erscheint einmal der Acc. Plur. an Stelle des Nominativs in poters. Allein als Interlinearglosse (zu figuli) legt dieser Ausnahmefall die Wahrscheinlichkeit nahe, dafs diese Form von späterer Hand nachgetragen ist.

§ 48.   Vom Artikel begegnet der Acc. Masc. in Lasne, die Femininform in Labatailge, la Wirce, lariuera, lestra, alabarbe (lalat?).

Zum Schlusse erfülle ich die mir angenehme Pflicht, meinem hochverehrten Lehrer, Herrn Professor Dr. Suchier, für die freundliche Überlassung wissenschaftlicher Hilfsmittel so wie für so manchen gelehrten Ratschlag auch an dieser Stelle meinen wärmsten Dank auszusprechen.

---

[1] Aufserdem vgl. man noch die auf z auslaut. Rufnamen Kap. II Taufn. 22.

VITA.

Natus sum Fridericus Henricus Augustus Hildebrand in Wernigerodano oppido die XXV. mens. Jan. a. D. h. s. LXII. patre Augusto, matre Adelina, e gente Tripmacker, quos adhuc vivos summa cum pietate colo. Fidem profiteor evangelicam. Primis literarum elementis imbutus scholam realem primi ord. adii Halberstadensem, quam annos septem et sex menses frequentavi. Maturitatis testimonio instructus civis factus sum Lipsiae universitatis, ubi tria per semestria linguis recentibus operam dedi. Unde Halas Saxonum me contuli, qua in urbe per quattuor semestria versatus sum. Audivi viros illustrissimos: Wülcker, Birch-Hirschfeld; Suchier, Elze, Zacher, Ulrici, Keil, Haym, Krohn, Burdach, Aue, Wardenburg, quibus omnibus viris clarissimis optime de me meritis semper gratum servabo animum.

Imprimis autem mihi videor facere non posse quin et Hermannum Suchier et Julium Zacher, quorum benevolentia seminarii romanici et germanici socium esse mihi licuit, hoc loco gratissimo cum animo commemorem.